Biblische Grundlagen der Rechtfertigungslehre

Biblische Grundlagen der Rechtfertigungslehre

Eine ökumenische Studie zur
Gemeinsamen Erklärung zur Rechtfertigungslehre

Im Auftrag des Lutherischen Weltbundes,
des Päpstlichen Rats zur Förderung der Einheit der Christen,
der Weltgemeinschaft Reformierter Kirchen
und des Weltrates Methodistischer Kirchen
vorgelegt von einer Arbeitsgruppe alttestamentlicher,
neutestamentlicher und systematischer
Theologinnen und Theologen,
herausgegeben von Walter Klaiber

Bibliographische Information der Deutschen Nationalbibliothek
Die Deutsche Nationalbibliothek verzeichnet diese Publikation in der Deutschen Nationalbibliographie; detaillierte bibliographische Daten sind im Internet über http://dnb.dnb.de abrufbar.

Printed in EU · H 7559

Das Buch wurde auf alterungsbeständigem Papier gedruckt.

Cover: Kai-Michael Gustmann, Leipzig
Satz: Evangelische Verlagsanstalt GmbH
Druck und Binden: Druckhaus Köthen GmbH

ISBN 978-3-374-03083-5
www.eva-leipzig.de

ISBN 978-3-89710-516-4
www.bonifatius.de

Zum Geleit

Dies ist ein verheißungsvolles Buch.

Geschrieben, um die Verpflichtung zur Fortführung des Gesprächs zwischen zwei Partnern zu erfüllen, wurde es zum gemeinsamen Projekt eines erweiterten Kreises und bietet sich nun selbst als eine Verheißung für ganz unterschiedliche ökumenische Situationen rund um den Erdball an: Komm und sieh – oder: Komm und entfalte die Erkenntnisse, die durch aufmerksames Lesen, Hören und Diskutieren der zentralen Bekenntnisse unseres Glaubens auf dem Boden ihrer biblischen Grundlagen ans Licht kommen!

Diese Studie erfüllt eine Selbstverpflichtung, die am 31. Oktober 1999 eingegangen wurde, als Vertreter der Katholischen Kirche und des Lutherischen Weltbundes sich in Augsburg trafen, um die historische *Gemeinsame Erklärung zur Rechtfertigungslehre* zu unterzeichnen. Mit diesem Schritt erklärten die Kirchen, dass es nicht mehr nötig ist, die jahrhundertealten gegenseitigen Verwerfungen im Blick auf das entscheidende Thema der Rechtfertigung zu wiederholen. Walter Kardinal Kasper, damals der Sekretär des Päpstlichen Rates zur Förderung der Einheit der Christen und einer der Unterzeichner, blickte aus seiner Position als Präsident des Rates auf dieses Ereignis zurück mit den Worten: »Wir haben einander als Kirchen die Hände entgegengestreckt, und wir möchten nie wieder dahinter zurückgehen« (Walter Kasper, *Wege der Einheit. Perspektiven für die Ökumene*, 2005, 168f.).

Aber selbst in diesem Augenblick der Freude über das Erreichte war klar, dass noch manches zu tun blieb. In Anerkennung dieses Sachverhalts heißt es in der *Gemeinsamen Offiziellen Feststellung* aus Anlass der *Gemeinsamen Erklärung zur Rechtfertigungslehre*: »Die beiden Dialogpartner verpflichten sich, das Studium der biblischen Grundlagen der Lehre von der Rechtfertigung fortzuführen und zu vertiefen« (GOF 3). Es wurden darüber hinaus auch andere offene Fragen im Blick auf die Rechtfertigung identifiziert, aber die Frage nach den biblischen Grundlagen wurde an erster Stelle genannt.

Es war selbstverständlich, dass die Hände, die man einander in Augsburg gereicht hatte, für einen größeren Kreis von Beteiligten offen sein mussten. Es gab andere Kirchenfamilien, die an dieser Diskussion beteiligt waren und mitsprechen sollten. Die Reformierten waren an der langen Geschichte des Ringens um die Rechtfertigung immer beteiligt gewesen, und es schien unverzichtbar, sie in die Gespräche mit einzuschließen. Die Methodisten stießen auf einem anderen Weg hinzu. Als der Weltrat Methodistischer Kirchen 2006 der *Gemeinsamen Erklärung zur Rechtfertigungslehre* zustimmte, erklärte damit eine Kirchenfamilie, die nicht an den Streitigkeiten des 16. Jahrhunderts beteiligt gewesen war, dass sie in der *Gemeinsamen Erklärung* eine Aussage ihres eigenen Glaubens gefunden habe. So war es klar, dass auch methodistische Theologen in das Projekt einbezogen wurden. Und dadurch kam es zur Bildung einer Arbeitsgruppe, an der vier Seiten beteiligt waren: nicht nur Vertreter und Vertreterinnen des Päpstlichen Rats zur Förderung der Einheit der Christen und des Lutherischen Weltbunds, sondern auch der Weltallianz Reformierter Kirchen (seit 2010 Weltgemeinschaft Reformierter Kirchen) und des Weltrats Methodistischer Kirchen.

Aber die Zusammensetzung der Arbeitsgruppe war nicht die einzige Frage, die beantwortet werden musste. Es war eine herausfordernde Aufgabe, die Leitfragen zu formulieren und eine Form des Beratens und Schreibens zu finden, die für die Zusammenarbeit alttestamentlicher und neutestamentlicher Exegeten und Exegetinnen, aber auch zwischen exegetischer und systematisch-theologischer Arbeitsweise angemessen war. Bischof emeritus Dr. Walter Klaiber, für dessen erfahrene Leitung wir sehr dankbar sind, beschreibt diesen Prozess in seinem Vorwort.

Nun freuen wir uns, dass dieses Buch vorliegt und gelesen und gemeinsam studiert werden kann. Für jeden von uns ist es hocherfreulich, dass die Arbeit, die vor mehr als einem Jahrzehnt versprochen wurde, nun vollendet ist. Die biblischen Grundlagen der Rechtfertigungslehre sind dadurch sehr viel tiefgreifender erkundet worden. Für diese Arbeit sprechen wir allen Mitgliedern der Arbeitsgruppe unseren herzlichen Dank aus.

Aber offensichtlich stellt dieses Buch auch noch in ganz anderer Weise die Erfüllung einer Verheißung dar, und zwar in einer Weise, die noch sehr viel bedeutungsvoller ist. Als wir diese Arbeitsgruppe beriefen, vertrauten wir darauf, dass das gemeinschaftliche Studium der biblischen Texte einen verheißungsvollen Weg hin zu einer neuen, ökumenisch verantworteten Wertschätzung der Rechtfertigungslehre eröffnen könnte – und diese Hoffnung hat sich reichlich bewahrheitet. Eine sorgfältige Lektüre dieses Buches deckt viele Wege auf, schmale und breite, auf denen die spezielle Kombination von Perspektiven und Methoden, die die Arbeitsgruppe benutzt hat, frische Einsichten in die Lektüre der Bibel bringt und umgekehrt die Auslegung der Schrift bestimmte Aspekte der Rechtfertigungslehre in ein neues Licht stellt. Indem sie sorgfältig auf das achteten, was die anderen lasen, entdeckten die Mitglieder der Arbeitsgruppe, dass ihre unterschiedlichen Auslegungen nicht länger ein Grund zur Trennung in der Kirche sein mussten. Die Texte ins Gespräch mit den laufenden ökumenischen Debatten zu bringen, wurde gleichzeitig für Systematiker wie für Exegeten zur hilfreichen Linse, die den Blick für deren Aussagen schärfte.

Wir sind überzeugt, dass dieses Buch die Aufmerksamkeit einer breiten Leserschaft verdient. Es ist nicht nur für Exegeten oder für Systematiker geschrieben, obwohl auch die Spezialisten dieser Fächer vieles finden werden, was die Lektüre lohnt. Die Anliegen und die Erfordernisse der Kirche waren der Arbeitsgruppe immer bewusst, und so haben die Mitglieder einen Text vorgelegt, der für viele aufmerksame Leser und Leserinnen zugänglich ist, denen das christliche Bekenntnis zu Gottes Gnade und die Einheit der Kirche ein Anliegen sind.

Wir finden in diesem Buch die Erfüllung eines Versprechens, das im letzten Jahrhundert gegeben wurde, aber auch das Angebot der Verheißung einer Weisheit, die sich uns noch in der gemeinsamen Erkundung unseres Glaubens erschließen wird.

Nimm und lies!

Pfarrer Martin Junge, Generalsekretär des Lutherischen Weltbundes
Bischof Dr. Brian Farrel, Sekretär des Päpstlichen Rates für die Einheit der Christen
Rev. Dr. Setri Nyomi, Generalsekretär der Weltgemeinschaft Reformierter Kirchen
Rev. Dr. George Freeman, Generalsekretär des Weltrates Methodistischer Kirchen

VORWORT

Von ihrem ersten Treffen an, das im Oktober 2008 an dem symbolträchtigen Ort San Paolo fuori le mure stattfand, sah sich unsere Arbeitsgruppe in einer zwiespältigen Situation. Wir waren eine Gruppe von Fachleuten aus dem Bereich der alttestamentlichen, neutestamentlichen und systematischen Theologie, die als Vertreter und Vertreterinnen der katholischen, lutherischen, methodistischen und reformierten Tradition aus vier Kontinenten zusammengekommen waren. Wir waren zusammengerufen worden, um die Verpflichtung zu erfüllen, die die Unterzeichner der *Gemeinsamen Erklärung zur Rechtfertigungslehre (GER)* in ihrer *Gemeinsamen Offiziellen Feststellung* (3) eingegangen waren, »das Studium der biblischen Grundlagen der Lehre von der Rechtfertigung fortzuführen und zu vertiefen«. Aber die Arbeitsgruppe musste dabei zwei unterschiedliche Gesichtspunkte berücksichtigen. Auf der einen Seite wäre die *Gemeinsame Erklärung* nicht möglich geworden, wenn nicht die biblische Exegese des letzten Jahrhunderts den Grund für ein gemeinsames Verständnis der paulinischen Rechtfertigungslehre und ihrer alttestamentlichen Grundlagen bereitet hätte. Auf der anderen Seite wird dieser Konsens durch neue Perspektiven in der Erforschung der paulinischen Theologie angefochten, welche die ganze Herangehensweise der westlichen Theologie an die paulinische Rechtfertigungslehre, gleich ob in der römisch-katholischen oder der reformatorischen Tradition, in Frage stellen.

Dennoch war die Gruppe überzeugt, dass eine knappe, aber aussagekräftige Studie der biblischen Grundlagen der Rechtfertigungslehre hilfreich wäre, und zwar nicht nur angesichts der fortdauernden ökumenischen Diskussion zu diesem Thema, sondern auch im Blick auf die Frage, wie denn die Rechtfertigungsbotschaft Menschen von heute gepredigt und weitergegeben werden kann. Das bewog die Gruppe, die Arbeit anzupacken und die erbetene Studie zu erstellen. Die dabei leitenden Prinzipien und die kurze Geschichte des Arbeitsprozesses werden in der Einleitung beschrieben. Die einzelnen Kapitel der Studie sind von verschiedenen Mitgliedern der Gruppe im Entwurf geschrieben und dann von den anderen Mitgliedern diskutiert und überarbeitet worden, und zwar zunächst von den Fachkollegen und dann von der ganzen Gruppe. Obwohl der Text aufgrund dieser Arbeitsweise noch kleinere Unstimmigkeiten aufweisen mag, trägt die Gruppe als Ganze die Verantwortung für die gesamte Studie. Wir sehen das Ergebnis unserer Arbeit als ein Studiendokument, das zu weiteren Gesprächen anregen soll, und zwar sowohl durch den Konsens, den es vertritt, als auch durch manche verbleibende Spannung, die es nicht zu verbergen sucht.

Nicht alle Mitglieder der Arbeitsgruppe konnten an allen Treffen teilnehmen. Wir trauern insbesondere um unseren Kollegen, Prof. Dr. Lawrence Boadt, C.S.P., der kurz nach unserem Treffen in Louisville im Frühjahr 2010 an Krebs verstarb. Er war ein wundervoller Kollege mit großer theologischer Kompetenz, dessen menschliche Wärme, Sinn für Humor und Gottvertrauen für uns viel bedeutet haben. Ihm soll diese Studie gewidmet sein.

Angesichts der heftigen Diskussion über die *Gemeinsame Erklärung zur Rechtfertigungslehre* im deutschsprachigen Raum war es der Arbeitsgruppe wichtig, dass diese Studie nicht nur auf Englisch, der *lingua franca* der Ökumene, sondern auch auf Deutsch erscheint, weil dies die Sprache ist, mit der das Ringen um die Rechtfertigungslehre seit der Zeit der Reformation bis heute besonders eng verbunden ist. Dabei soll deutlich gesagt werden: Diese Studie will nicht eine Art Schriftbeweis für die *Gemeinsame Erklärung* und ihre einzelnen Formulierungen nachliefern. Sie will vielmehr zeigen, dass der erreichte Konsens in dieser Erklärung nicht – wie behauptet – darauf beruht, dass man problematische Kompromissformeln gefunden hat, auf die man sich einigen konnte, weil jede Seite aus ihnen ihr eigenes Verständnis herauslesen konnte. Dieser Konsens war vielmehr möglich und letztlich unausweichlich, weil durch die Erforschung der biblischen Rechtfertigungsbotschaft ein neuer und weiterer Horizont für das Verständnis schriftgemäßen Redens von der Rechtfertigung eröffnet wurde, in dessen Rahmen die unterschiedlichen Akzentsetzungen der traditionellen Ausformungen der Rechtfertigungslehre einander zugeordnet und in ein gemeinsames Verständnis integriert werden konnten, ohne dass dadurch die grundsätzlichen Aussagen der reformatorischen Rechtfertigungslehre ihre Bedeutung und Kraft verloren hätten.

Die deutsche Ausgabe ist die Übersetzung der englischsprachigen Endfassung des Dokuments.[1] Die Übersetzung, für die zum größten Teil der Herausgeber verantwortlich ist, konnte teilweise auf die deutschsprachigen Entwürfe zu einzelnen Kapiteln zurückgreifen. Professor Dr. Theo Dieter hat freundlicherweise die Übersetzung von zwei Kapiteln übernommen; ihm sowie den Mitgliedern der Arbeitsgruppe, die den deutschen Text kritisch gegengelesen und Verbesserungsvorschläge gemacht haben, gilt ein besonderer Dank.

Danken möchten wir auch Frau Dr. Annette Weidhas von der Evangelischen Verlagsanstalt, Leipzig, und Herrn Dr. Michael Ernst vom Bonifatius-Verlag, die bereit waren, diese Studie in ihr gemeinsam verantwortetes Programm aufzunehmen. Möglich wurde dies durch einen Druckkostenzuschuss der Vereinigten Evangelischen Lutherischen Kirche, den Herr Oberkirchenrat Dr. Michael Schuegraf vermittelt hat, und eine entsprechende Unterstützung von katholischer Seite, vermittelt durch den Leiter des Johann-Adam-Möhler-Instituts, Paderborn, Herrn Professor Dr. Wolfgang Thönissen. Auch dafür danken wir herzlich.

Tübingen im Mai 2012

Im Namen der Arbeitsgruppe
Walter Klaiber

---

[1] The Biblical Foundations of the Doctrine of Justification: An Ecumenical Follow-Up to the Joint Declaration on the Doctrine of Justification. Paulist Press Mahwah, NJ, 2012.

Inhalt

I. Einführung

Die Gemeinsame Erklärung zur Rechtfertigungslehre

Am 31. Oktober 1999 haben in Augsburg Vertreter des Lutherischen Weltbunds (LWB) und der Römisch-Katholischen Kirche feierlich die *Gemeinsame Erklärung zur Rechtfertigungslehre*[1] unterzeichnet, indem sie ihre Unterschriften unter die *Gemeinsame Offizielle Feststellung* setzten. Diese *Feststellung* schließt mit den Worten: »Durch diesen Akt der Unterzeichnung bestätigen die Katholische Kirche und der Lutherische Weltbund die Gemeinsame Erklärung zur Rechtfertigungslehre in ihrer Gesamtheit«[2]. Die Worte »in ihrer Gesamtheit« besagen, dass die beiden unterzeichnenden Partner die zwei Ergebnisse der *Erklärung* bestätigen:

> »Das in dieser Erklärung dargelegte Verständnis der Rechtfertigungslehre zeigt, dass zwischen Lutheranern und Katholiken ein Konsens in Grundwahrheiten der Rechtfertigungslehre besteht, in dessen Licht die in Nr. 18 bis 39 beschriebenen, verbleibenden Unterschiede in der Sprache, der theologischen Ausgestaltung und der Akzentsetzung des Rechtfertigungsverständnisses tragbar sind. Deshalb sind die lutherische und die römisch-katholische Entfaltung des Rechtfertigungsglaubens in ihrer Verschiedenheit

---

[1] Lutherischer Weltbund/Päpstlicher Rat zur Förderung der Einheit der Christen, Gemeinsame Erklärung zur Rechtfertigungslehre. Gemeinsame offizielle Feststellung. Anhang (Annex) zur Gemeinsamen offiziellen Feststellung, Frankfurt a. M./Paderborn 1999 (= H. Meyer/D. Papandreou/H. J. Urban/L. Vischer [Hrsg.], Dokumente wachsender Übereinstimmung, Bd. III, Paderborn/Frankfurt a. M. 2003, 419–441).

[2] A. a. O., 40.

> offen aufeinander hin und heben den Konsens in den Grundwahrheiten nicht wieder auf. Damit erscheinen auch die Lehrverurteilungen des 16. Jahrhunderts, soweit sie sich auf die Lehre von der Rechtfertigung beziehen, in einem neuen Licht: Die in dieser Erklärung vorgelegte Lehre der lutherischen Kirchen wird nicht von den Verurteilungen des Trienter Konzils getroffen. Die Verwerfungen der lutherischen Bekenntnisschriften treffen nicht die in dieser Erklärung vorgelegte Lehre der römisch-katholischen Kirche.«[3]

Beide Ergebnisse hängen miteinander zusammen. Es hätte keinen Sinn, einen Konsens in der Lehre von der Rechtfertigung zu behaupten, wenn bestimmte Verwerfungen weiterhin die Lehre der anderen Kirche treffen würden. Und umgekehrt wäre es ohne die Feststellung des erreichten Konsenses, der erklärt, was beide Seiten trotz verbleibender Unterschiede gemeinsam haben, nicht möglich zu erklären, dass die Verwerfungen nicht mehr treffen.[4] Der Begriff des Konsenses, der in der *Gemeinsamen Erklärung zur Rechtfertigungslehre* zum Tragen kommt – man hat ihn »differenzierten Konsens« oder »differenzierenden Konsens« genannt –, schließt Unterschiede nicht aus; er integriert vielmehr ausdrücklich bestimmte Differenzen mit dem Anspruch, dass sie nicht kirchentrennend sind.

Die *Gemeinsame Erklärung zur Rechtfertigungslehre* ist ein offizielles Dokument der Katholischen Kirche und des Lutherischen Weltbunds. Daher hat sie einen völlig anderen Status als die Ergebnisse von bilateralen Dialoggruppen. Diese repräsentieren nur die Auffassungen der Theologen, die an diesen Dialogen beteiligt sind, auch wenn sie dazu von ihren Kirchen eine Beauftragung bekommen haben. Deshalb stellt die *Gemeinsame Erklärung* eine neue Ebene der ökumenischen Beziehungen dar, weil sie die offizielle Position der beteiligten Kirchen zum Ausdruck bringt.

Dieser kurze Text beansprucht, einen tiefen Gegensatz, der über vier Jahrhunderte bestand, zu überwinden. Er gründet sich auf eine mehr als vierzigjährige theologische Arbeit von vielen einzelnen Theologen, auf nationale Dialoge wie den US-amerikanischen Dialog »Justification by

---

[3] A. a. O., 23f. (Nr. 40f.).

[4] Die *Gemeinsame Erklärung zur Rechtfertigungslehre* »hebt« nicht die Verwerfungen der beiden Kirchen »auf«, wie oft gesagt wird. Vielmehr erklärt sie, dass diese, während sie weiterhin in Kraft bleiben, die Lehre der anderen Kirche, wie sie in diesem Dokument vorgestellt wird, nicht treffen.

Faith«[5] oder »Lehrverurteilungen – kirchentrennend?« in Deutschland[6] wie auch auf internationale Dialoge, zum Beispiel das »Malta-Dokument«, das bereits 1972 feststellte: »Heute zeichnet sich in der Interpretation der Rechtfertigung ein weitreichender Konsens ab«[7]. Das Lutherische/Römisch-Katholische Dokument »Kirche und Rechtfertigung«[8] entwickelt die Beziehung zwischen der Lehre von der Rechtfertigung und der Lehre von der Kirche.

Die *Gemeinsame Erklärung zur Rechtfertigungslehre* legte der Katholischen Kirche und den Lutherischen Kirchen die hauptsächlichen und grundlegenden Ergebnisse jenes Dialogs in einem kurzen Text vor. Die Kirchen waren gefragt, ob sie ihre jeweiligen Lehren in dem Dokument repräsentiert sehen können und ob sie den beiden oben zitierten Hauptergebnissen zustimmen können. Mit der Bestätigung der *Gemeinsamen Erklärung* im Jahr 1999 haben beide Kirchen nach einer sehr intensiven Diskussion einen Akt der Lehrfeststellung vollzogen. Sie haben das nicht getrennt, sondern gemeinsam getan. Wegen des komplexen Prozesses von Rezeption und Entscheidungsfindung wurde ein sogenannter Annex hinzugefügt, der die Ergebnisse der *Gemeinsamen Erklärung* bekräftigte und gegen Missverständnisse sicherte.

Die Autorität der *Gemeinsamen Erklärung zur Rechtfertigungslehre* beruht sowohl auf dem Lehrakt, den die Kirchen vollzogen, indem sie diese *Erklärung* unterzeichneten, als auch auf der theologischen Arbeit, die ihr zugrunde liegt. Darum sind einige der Studien und Dialoge, auf die sich die *Gemeinsame Erklärung zur Rechtfertigungslehre* stützt, ausdrücklich in einem Anhang unter der Überschrift »Quellen zur Gemeinsamen Erklärung zur Rechtfertigungslehre« erwähnt. Dieses Hintergrundmaterial hat natürlich nicht die gleiche Lehrautorität wie die *Gemeinsame Erklärung* selbst, aber wenn man die Argumente, die die Feststellungen dieser Erklärung tragen, verfolgen will, muss man auch jenes Material studieren.

---

5 »Justification by Faith«, in: Lutherans and Catholics in Dialogue VII, Minneapolis 1985.

6 K. Lehmann/W. Pannenberg (Hrsg.), Lehrverurteilungen – kirchentrennend? Rechtfertigung, Sakramente und Amt im Zeitalter der Reformation und heute, Freiburg/Göttingen 1986.

7 H. Meyer/H. J. Urban/L. Vischer (Hrsg.), Dokumente wachsender Übereinstimmung, Paderborn/Frankfurt a. M. ^{2}1991, 255 (Nr. 26).

8 Vgl. H. Meyer/D. Papandreou/H. J. Urban/L. Vischer (Hrsg.), Dokumente wachsender Übereinstimmung, Bd. III, Paderborn/Frankfurt a. M. 2003, 317–419.

Nach der Unterzeichnung der *Gemeinsamen Erklärung zur Rechtfertigungslehre* haben – nach einem langen und sorgfältigen Reflexions- und Diskussionsprozess – die Methodistischen Kirchen den Wunsch geäußert, sich der *Gemeinsamen Erklärung* anzuschließen. Dazu hatten die unterzeichnenden Partner die Methodisten eingeladen. Weil die Methodisten nicht in die Konflikte zwischen Lutheranern und Katholiken im 16. Jahrhundert verwickelt waren, konnten sie nicht einfach die *Gemeinsame Erklärung zur Rechtfertigungslehre* unterzeichnen. Stattdessen wurde eine *Zustimmungserklärung* entworfen, in der die Methodisten ihre jeweiligen Schwerpunkte im Verständnis der Rechtfertigung erklären, wie das auch Katholiken und Lutheraner in Kapitel 4 der *Erklärung* getan haben, und darlegen, dass ihr Verständnis in Übereinstimmung mit den betreffenden Teilen der *Gemeinsamen Erklärung zur Rechtfertigungslehre* steht. Lutheraner und Katholiken haben diese Darlegung begrüßt und damit deutlich gemacht, dass sie ihr zustimmen.[9] Am 23. Juli 2006 haben Vertreter der Methodisten, Katholiken und Lutheraner feierlich diese Feststellung in Seoul unterzeichnet.

Das exegetische Kapitel »Biblische Rechtfertigungsbotschaft« der Gemeinsamen Erklärung zur Rechtfertigungslehre und die Kritik an ihm

Nr. 8 der *Gemeinsamen Erklärung zur Rechtfertigungslehre* beginnt mit dem Satz »Zu diesen neuen Einsichten hat unsere gemeinsame Art und Weise geführt, auf das Wort Gottes in der Heiligen Schrift zu hören«. Das bezieht sich auf den vorausgehenden Abschnitt, in dem es heißt: Es haben sich Entwicklungen vollzogen, »die es ihnen [sc. den Kirchen] nicht nur erlauben, sondern von ihnen zugleich fordern, die trennenden Fragen und Verurteilungen zu überprüfen und in einem neuen Licht zu sehen«[10].

[9] Methodist Statement of Association with the Joint Declaration on the Doctrine of Justification and Official Common Statement. The Pontifical Council for Promoting Christian Unity, Information Service No. 122 (2006/ii), 55–58. Deutsche Übersetzung in: F. Hauschildt u. a. (Hrsg.), Die Gemeinsame Erklärung zur Rechtfertigungslehre. Dokumentation des Entstehungs- und Rezeptionsprozesses, Göttingen, 2009, 1078–1083.

[10] A. a. O. (Anm. 1), Nr. 7.

Damit wird der modernen Exegese eine wichtige Rolle in der ökumenischen Annäherung der Kirchen zugeschrieben. Während dieser Satz hohe Erwartungen diesem Kapitel gegenüber weckte, hat es der begrenzte Raum des exegetischen Kapitels nicht zugelassen, die exegetischen Einsichten und Argumente im Detail darzustellen. Der ursprüngliche Text dieses Kapitels, der von John Reumann und Joseph Fitzmyer verfasst wurde, konzentrierte sich auf die Sprache des Neuen Testaments (zu »Evangelium«, »Rechtfertigung«, »Gerechtigkeit«).[11] In den Sitzungen, in denen die ursprüngliche Fassung der *Gemeinsamen Erklärung zur Rechtfertigungslehre* überarbeitet wurde, wurde ihr Text erheblich verändert, indem man viele Vorschläge aufnahm, die aus den Kirchen kamen.

In der öffentlichen Debatte um die *Gemeinsame Erklärung zur Rechtfertigungslehre* wurden verschiedene kritische Einwände gegen dieses Kapitel erhoben:

- Die biblischen Zitate werden nicht im Rahmen der jeweiligen textlichen und historischen Zusammenhänge interpretiert, aus denen sie entnommen sind. Sie werden vielmehr mehr oder weniger als isolierte Sätze und biblische Zitate gebraucht, die vor allem nach dogmatischen Perspektiven geordnet werden.
- Die paulinischen Äußerungen zur Rechtfertigung sind entgegen dem eigenen Vorgehen des Paulus nicht auf das Christusereignis und das Evangelium von Tod und Auferweckung Jesu Christi bezogen.
- Andere neutestamentliche Texte, die von der Gerechtigkeit Gottes handeln (vor allem bei Matthäus und Jakobus), sind nicht zureichend berücksichtigt.
- Der Text ist zu sehr auf die biblischen Verse konzentriert, in denen die Worte »gerecht«, »rechtfertigen« und »Gerechtigkeit« vorkommen, während die Bibel das Heil auch in anderen Begriffen zur Sprache bringt. Deshalb sind Bezüge nicht erwähnt, die für dieses Thema wichtig sind.
- Der Bezug des Kapitels auf das Alte Testament ist einseitig; es fehlen wichtige alttestamentliche Aussagen, die Gottes Gerechtigkeit zum

---

[11] A.a.O. (Anm. 1), Nr. 8–12. Nr. 9 (Anm. 10) verweist auf J. Reumann, »›Righteousness‹ in the New Testament: ›Justification‹ in the United States Lutheran-Roman Catholic Dialogue, with responses by Joseph A. Fitzmyer [and] Jerome D. Quinn, Philadelphia/New York 1982.

Ausdruck bringen. Das biblische Zeugnis für Gott und sein rettendes Handeln gegenüber der Schöpfung und dem Volk Israel fehlt beinahe völlig, und es findet sich eine unangemessene Sicht des Gesetzes im Alten Testament.
- Neue Einsichten in den frühjüdischen Kontext und die Genese der paulinischen Theologie spielen im Kapitel keine Rolle (zum Beispiel die missionarische Situation des Paulus oder die Beziehung zwischen Israel und der Kirche).

Trotzdem verdient es gewürdigt zu werden, dass die *Gemeinsame Erklärung zur Rechtfertigungslehre* mit einem Kapitel über die »Biblische Rechtfertigungsbotschaft« beginnt.

DER AUFTRAG DER ARBEITSGRUPPE

Lutheraner und Katholiken hatten den Eindruck, dass diese kritischen Beobachtungen ernst genommen werden sollten und dass die weitere gemeinsame Arbeit an den exegetischen Problemen der Rechtfertigungslehre Nutzen aus dieser Kritik ziehen sollte. Daher erklärten sie in der *Gemeinsamen Offiziellen Feststellung*: »Die beiden Dialogpartner verpflichten sich, das Studium der biblischen Grundlagen der Lehre von der Rechtfertigung fortzuführen und zu vertiefen«[12]. Um diese Verpflichtung zu erfüllen, traf sich eine kleine Gruppe von lutherischen und katholischen Exegeten im Jahr 2006 (12.–14. März) in Rom und entwickelte einen Plan für eine Arbeitsgruppe, der dem Lutherischen Weltbund und dem Päpstlichen Rat zur Förderung der Einheit der Christen vorgelegt wurde. Weil die Methodisten im Jahr 2006 ihre Zustimmung zur *Gemeinsamen Erklärung* bekundeten, war klar, dass auch methodistische Exegeten in dieser Arbeitsgruppe mitarbeiten sollten. Reformierte Theologen wurden ebenfalls eingeladen, weil der Reformierte Weltbund (WARC) über sein Verhältnis zur *Gemeinsamen Erklärung zur Rechtfertigungslehre* Beratungen angestellt hatte. Es wurde vorgeschlagen, dass Alttestamentler und zwei systematische Theologen zur Gruppe gehören sollten, um das Zeugnis des Alten Testaments zu integrieren und systematische Perspektiven im Blick zu behalten.

---

[12] A. a. O. (siehe Anm. 1), 39.

Die Arbeitsgruppe wurde mit Billigung der vier Auftrag gebenden Institutionen (Lutherischer Weltbund, Päpstlicher Rat zur Förderung der Einheit der Christen, Weltallianz Reformierter Kirchen [jetzt: Weltgemeinschaft Reformierter Kirchen], Weltrat methodistischer Kirchen) eingerichtet. Sie traf sich vom 2. bis 5. Oktober 2008 in Rom in der Benediktinerabtei St. Paul außerhalb der Mauern, vom 13. bis 17. Januar 2010 im Louisville Presbyterian Theological Seminary, Louisville, Kentucky, und vom 4. bis 7. Februar 2011 im Kolleg Wittenberg in Wittenberg.

Die Arbeitsgruppe sah sich vor folgende Aufgaben und Herausforderungen gestellt:

- Nicht von den Kontroversen des 16. Jahrhunderts aus beginnen, sondern die biblischen Texte in ihren eigenen Kontexten, mit ihren eigenen Strukturen, Begriffen und Schwerpunkten interpretieren. Die Vielzahl der Zugänge in der Bibel soll repräsentiert, aber zugleich soll auch nach ihrer Einheit gefragt werden. Diese Studie will also nicht das exegetische Kapitel der *Gemeinsamen Erklärung zur Rechtfertigungslehre* kommentieren.
- Ernst nehmen, dass die neutestamentlichen Texte sich ständig auf das Christusereignis beziehen, von dem das apostolische Evangelium Zeugnis gibt; es findet seinen Ausdruck in verschiedenen Formen (Erzählungen, kurzen Bekenntnisformeln, theologischer Reflexion) mit unterschiedlichen Begriffen und Stilen.
- Neue Einsichten der Paulusforschung in die Studie integrieren: die neue Bewertung des frühen Judentums (vorrabbinisches Judentum, Qumran, jüdisch-hellenistische Literatur), die neue Bewertung der Tora (im Gegensatz zur negativen Bewertung des Gesetzes in einigen Teilen des Luthertums, obgleich nicht bei Luther), ein neuer Blick auf Israel, auf die Entstehung der paulinischen Theologie der Rechtfertigung im Kontext der Mission und verschiedene Perspektiven auf einige paulinische Briefe.
- Sich herausfordern lassen durch Einsichten und Ergebnisse des jüdisch-christlichen Dialogs. Die Rechtfertigungslehre kann nicht ohne eine Theologie Israels entwickelt werden, während Israel und der Platz des Alten Testaments in der christlichen Bibel nicht angemessen ohne theologische Reflexion auf die Beziehung zum Christusereignis, wie es Paulus auslegt, verstanden werden können.

- Innerbiblische Zusammenhänge entwickeln: Der Begriff der »Gerechtigkeit Gottes« zeigt die Beziehungen zwischen verschiedenen Büchern des Neuen Testaments und die engen Zusammenhänge zwischen bestimmten alttestamentlichen Traditionen und dem Neuen Testament auf. Die Studie soll die Beziehung zwischen den Begriffen »Gerechtigkeit Gottes« und »Königsherrschaft Gottes« – dem Zentrum der Verkündigung Jesu – darlegen.
- Die hermeneutischen Probleme von Schrift und Tradition, die Geschichte der Schriftauslegung und die Bedeutung von exegetischen Erkenntnissen für eine systematische Behandlung der jeweiligen Probleme im Blick behalten, auch wenn die Studie vor allem eine exegetische ist.

Das deutsche Dialogdokument »Rechtfertigung – kirchentrennend?« enthält ein einleitendes Kapitel, das die Methode der Überwindung von Lehrgegensätzen erläutert. Der Abschnitt hat den Titel »Die Autorität der Heiligen Schrift und ihre Auslegung als Grundlage der Verständigung über den in den gegenseitigen Verwerfungen strittigen Glauben«[13] und behauptet, dass sich heute eine »weitgehende Übereinstimmung in der Auslegung der Heiligen Schrift«[14] feststellen lässt. Die Arbeitsgruppe hat versucht, diesen Anspruch einzulösen.

---

[13] K. Lehmann/W. Pannenberg (Hrsg.), Lehrverurteilungen – kirchentrennend? I: Rechtfertigung, Sakramente und Amt im Zeitalter der Reformation und heute, Freiburg/Göttingen 1986, 29–33.

[14] A.a.O. (siehe vorige Anm.), 32.

II. Hermeneutische Aspekte

Diese Studie beabsichtigt, die biblischen Grundlagen der Rechtfertigungslehre zu untersuchen. Das erfordert hermeneutische Überlegungen zu einigen Gesichtspunkten:

- Es ist das Ziel dieser Studie, die christliche Rechtfertigungslehre auf das Zeugnis des Alten Testaments zurück zu beziehen. Das kann nicht ohne Berücksichtigung des Verhältnisses zwischen Altem und Neuem Testament geschehen.
- Es ist notwendig, den Ort der Heiligen Schrift im Blick auf die Offenbarung zu bestimmen; die Offenbarung ist nicht mit der Schrift identisch, findet aber ihre grundlegende und maßgebliche Bezeugung in der Schrift.
- Im Blick auf dieses Zeugnis der Schrift muss beachtet werden, dass es sehr unterschiedliche Ausdrucksformen einschließt, die sich zwar in ihrer Bezeugung von Gottes heilvollem Handeln an den Menschen berühren, aber zugleich sehr unterschiedliche Akzente setzen, um unterschiedlichen Situationen gerecht zu werden.
- Im Wissen darum, dass konfessionelle Auseinandersetzungen und ökumenische Bemühungen häufig Lehr- und Lebenstraditionen betreffen, muss sich auch eine biblische Studie in diesem Horizont bewegen, indem sie einerseits das Verhältnis zwischen Schrift und Tradition(en) berücksichtigt und sich andererseits der Frage stellt, wie die Schrift der Maßstab für die Traditionen sein kann, die die Rechtfertigung betreffen.
- Ein Aspekt dieses Vergleichs zwischen Schrift und Traditionen ist die Berücksichtigung der unterschiedlichen Traditionen bei der Auslegung der Schrift. Kapitel III wird einige Beispiele für solche ver-

schiedenen Auslegungstraditionen geben und auch hermeneutische Überlegungen anstellen, die den Vergleich zwischen früherer und heutiger Exegese betreffen.

1. Definitionen

Gemeinsamkeiten im Verständnis von Offenbarung, Schrift und Tradition in aktuellen ökumenischen Dialogen lassen sich zu drei Begriffsbestimmungen zusammenfassen, die die Grundlage gemeinsam vertretbarer hermeneutischer Leitlinien bilden:

- Mit *Offenbarung* wird das Heilshandeln Gottes an seiner Schöpfung, seinem Volk Israel und allen Menschen im Christusgeschehen bezeichnet, wie es grundlegend in der Heiligen Schrift Alten und Neuen Testaments bezeugt ist.
- Die *Heilige Schrift* ist das maßgebliche Zeugnis von Gottes Offenbarung. Dieses Zeugnis ist vom Heiligen Geist inspiriert, in menschliche Worte gefasst, der Kirche anvertraut und zur Weitergabe an alle Menschen bestimmt.
- Mit *Tradition* ist der Prozess der Weitergabe des Offenbarungszeugnisses in der Kirche und durch die Kirche gemeint. Die Tradition bleibt am Maßstab der Schrift ausgerichtet und wird an ihr gemessen. In der Kirche entfaltet sich die Tradition durch den Heiligen Geist, geleitet in einem lebendigen Überlieferungsgeschehen in einzelnen Traditionen materialer Art, d. h. in Lehr- und Lebenstraditionen.

Aus diesen Begriffsbestimmungen ergeben sich für den Umgang mit dem Offenbarungszeugnis, mit der Heiligen Schrift und mit der heiligen Tradition in der Kirche folgende Gesichtspunkte, die hermeneutisch zu reflektieren sind:

- Das Offenbarungszeugnis von Gottes heilvollem Handeln kommt in der Schrift grundlegend zur Sprache und wird durch die Tradition der Kirche vergegenwärtigt.
- Die gegenwärtige kirchliche Tradition ist am Zeugnis der Schrift von der Offenbarung Gottes kritisch zu messen.

- Das Zeugnis der Schrift verweist auf das Offenbarungsgeschehen und bringt mit Hilfe der Tradition der Kirche dieses Geschehen heute lebendig zur Sprache.

Die Tradition der Kirche ist nötig, um den Gegenwartsbezug der Offenbarung zu sichern. Die Schrift ist nötig, um die Authentizität der Tradition der Kirche zu sichern. Gemeinsam bereiten Schrift und Tradition den Weg zur Begegnung mit der Offenbarung Gottes in Jesus Christus heute.

2. Zum Verhältnis zwischen Altem und Neuem Testament

Der kirchliche Schriftenkanon ist von seiner Entstehung her tief in den Schriften Israels verwurzelt und theologisch auf sie bezogen und an sie gebunden. »Die Schrift« (*graphē/graphai*) meint im Neuen Testament immer die Schriften Israels, wenngleich historisch betrachtet der Prozess der Kanonbildung für die christliche Kirche parallel zu der Ab- und Eingrenzung der »hebräischen Bibel« im frührabbinischen Judentum verlaufen ist. Ein kanonisches Schriftzeugnis kann es für die Kirche niemals ohne das Alte Testament geben. Der theologische Grund dafür liegt im christlichen Gottesverständnis.

Wenn das Zeugnis des Alten Testaments für die biblische Rechtfertigungsbotschaft erhoben werden soll, bedarf es einer hermeneutischen Bestimmung des Verhältnisses beider Testamente der christlichen Bibel zueinander. Im Rahmen des christlichen Glaubens nimmt eine solche theologische Verhältnisbestimmung zwischen beiden Testamenten ihren Ausgangspunkt beim Neuen Testament.

Die Kirche verdankt sich dem berufenden Wirken des im Alten Testament bezeugten einen Gottes Israels, der nach dem Zeugnis des Neuen Testaments als der Vater Jesu Christ bekannt wird. Nach dem Zeugnis der Schrift richtet sich der Glaube auf Jesus, den »Immanuel«, also den, durch den »Gott mit uns« ist (Jes 7,14; Mt 1,22–24) und der als der auferstandene Herr seinen Jüngern verspricht: »Ich bin bei euch alle Tage bis an der Welt Ende.« (vgl. Mt 28,18–20). Er ist der, der – erhöht zu Gottes rechter Hand – den verheißenen Heiligen Geist ausgießt (Apg 2,33).

Die Zeugnisse des Alten Testaments sind also für die Kirche deshalb maßgeblich, weil sie sich vom Glauben an den dreieinen Gott her als christliche Glaubenszeugnisse erschließen. Insofern sind sie konstitutiver Bestandteil des biblischen Zeugnisses von der Offenbarung Gottes im Christusgeschehen. Darin besteht der legitime christliche Interpretationsanspruch auf das Alte Testament aus christlicher Perspektive. Andererseits müssen Christen heute auch ein jüdisches Selbstverständnis anerkennen, das sich auf das Bundesverhältnis zwischen Gott und seinem Volk Israel stützt, von dem die biblischen Schriften Zeugnis ablegen.

Das gesamtbiblische Zeugnis kann nur durch Einordnung der biblischen Einzeltexte in ihren kanonischen Zusammenhang und in den Horizont des Verhältnisses zwischen Altem und Neuem Testament ermittelt werden. Das führt zu zwei grundlegenden Kategorien biblischer Zeugnisse:

- Das gemeinsame Offenbarungszeugnis beider Testamente der Schrift besteht in ihrer Botschaft vom Heil schaffenden Handeln des einen Gottes der ganzen Bibel an seinem Volk, der Menschheit und der ganzen Schöpfung.
- Das spezifische Offenbarungszeugnis des Neuen Testaments besteht in seiner Botschaft vom Christusgeschehen als der endzeitlichen Vollendung dieses Heilshandelns Gottes an seiner Kirche und an der ganzen Welt.

Im Blick auf das Gottesverständnis besteht in beiden Testamenten der christlichen Bibel grundsätzliche Übereinstimmung: Der eine Gott Israels wird als der Vater Jesu Christi bekannt (vgl. 1Kor 8,6). Heil kann nur von Gott kommen. Die Menschheit ist von sich aus allenfalls dazu in der Lage, die heilvolle Gottesbeziehung zu zerstören, nicht aber dazu, sie zu errichten oder zu erhalten. Gleichwohl sind die Menschen dazu berufen, nach Gottes Willen zu leben, ihren Nächsten zu lieben und ihren Schöpfer und Erlöser zu loben. Das ist ein wesentlicher Punkt der Übereinstimmung im Verständnis des Alten und des Neuen Testaments von der Beziehung zwischen Gott und der Menschheit. Deshalb können Christen auch schon durch das Lesen des Alten Testaments den dreieinen Gott kennenlernen, der sich durch menschlichen Ungehorsam nicht von der Durchsetzung seiner heilsamen Intentionen abbringen lässt und Gemeinschaft gerade dort entstehen lässt, wo sie von Seiten der Menschen nicht für möglich gehalten oder gar zu verhindern versucht wird (vgl. Hos 11,8f.).

Das Alte Testament zeugt von Gottes heilvollem Handeln an seinem Volk Israel, das Neue Testament von seinem endzeitlichen Handeln in Jesus Christus an Israel und der ganzen Menschheit. Während im Alten Testament Gottes Handeln an den Völkern der Welt dem Handeln Gottes an Israel untergeordnet ist, sind im Neuen Testament Israel und die Heiden gemeinsam die Empfänger der Gnade Gottes. In diesem Sinn kann von einer heilsgeschichtlichen Verbindung zwischen beiden Testamenten gesprochen werden. Allerdings ist dies ein theologisches Urteil, das nicht von historisch nachweisbaren Kontinuitäten zwischen der Geschichte Israels und der Geschichte der Kirche abhängig ist. Aus theologischer Perspektive gründet die heilsgeschichtliche Kontinuität zwischen beiden Testamenten allein im berufenden Handeln des einen Gottes Israels, der als Vater Jesu Christi geglaubt wird. Dieser Glaube impliziert, dass Gott seine Heilszusage an Israel im Christusgeschehen einlöst, indem er aus Israel und den Völkern sein endzeitliches Heilsvolk beruft (Röm 9,22–24).

Christologische, eschatologische und ekklesiologische Interpretationen von Texten des Alten Testaments finden sich schon in den Schriften des Neuen Testaments und bleiben für den christlichen Glauben unaufgebbar, weil das Alte Testament einen konstitutiven Bestandteil der christlichen Bibel bildet. Damit ist nicht ausgeschlossen, vielmehr gerade sichergestellt, dass das Alte Testament als Gottes Wort auch der Kirche gegenüber sein eigenes Wort zur Geltung bringen kann. Dieses Wort ist nach christlichem Verständnis aber immer das Wort des dreieinen Gottes, der mit Israel seinen Bund schließt und hält, dessen Heiliger Geist in Jesus aus Nazareth wirksam war und der in Christus die Kirche aus Israel und den Völkern beruft und vollendet.

3. Zum Verhältnis zwischen Christusgeschehen und vielfältigem Zeugnis der Schrift

Das Christusgeschehen als Gegenstand des apostolischen Zeugnisses geht den neutestamentlichen Schriften und dem biblischen Kanon voraus. Es hat Offenbarungsqualität und ist insofern dem Glauben und der Kirche vorgeordnet.

Als ihr Gegenstand und ihre Vorgabe liegt das einzigartige Christusgeschehen der apostolischen Verkündigung (*kerygma*) voraus. Sie ist nicht mit diesem Geschehen identisch, kann aber auch nicht von ihm getrennt werden. Den Aposteln wurde das Christusgeschehen in einer exklusiven Begegnung mit dem auferstandenen Christus als Heilsbotschaft vermittelt. Darin ist die Einzigartigkeit, Einmaligkeit und prinzipielle Abgeschlossenheit des einen apostolischen Christuszeugnisses begründet (vgl. 1Kor 15,8f.). Insofern besteht ein kategorialer Unterschied zwischen dem im Neuen Testament überlieferten apostolischen Erstzeugnis und seiner Weitergabe (Tradition) an die Kirche, in der Kirche und durch die Kirche.

Es ist ein und dasselbe Christusgeschehen, das in verschiedenen Arten der Bezeugung begegnet und doch das eine apostolische Zeugnis bildet. Doch kann das Christusgeschehen immer nur mit Hilfe der Vielfalt seiner kerygmatischen und lehrhaften Entfaltungen erschlossen werden. Das führt in einen unausweichlichen hermeneutischen Zirkel.

Die vielfältigen Ausprägungen der apostolischen Verkündigung im Zeugnis der Apostel bilden die Grundlage des neutestamentlichen Kanons. Die Gemeinschaft der Apostel im Dienst der Verkündigung, wie sie sich exemplarisch im Neuen Testament zeigt (vgl. nur 1Kor 15,1-11; Apg 15; Gal 2,1-10), kann als kanonische Leseanweisung für das Zeugnis der Schrift verstanden werden. Im Licht des Christusgeschehens kommt der Kanon nur sachgemäß zur Geltung, wenn sowohl die Spannung als auch die Einheit zwischen seinen Teilen bewahrt bleibt. Diese Einheit und Spannung lebt aus dem Verhältnis zwischen dem einen Heilsgeschehen, dem sich die Kirche verdankt, und seiner vielfältigen Bezeugung in den Texten des Neuen Testaments.

Die Apostel als Erstempfänger der Christusoffenbarung und normative Christuszeugen handeln nach neutestamentlichem Zeugnis in Gemeinschaft und stimmen im Kern ihrer Botschaft überein. Sie verkündigen die Botschaft von Jesu Wirken, von seinem Heil schaffenden Tod am Kreuz und von seiner Auferweckung von den Toten durch Gott. In den Namen der Apostel bilden sich die Anfänge der Christusverkündigung als Ursprung der Kirche auf Erden ab. Die geschichtliche Vielfalt des einen Christusgeschehens wird so im Kanon der Schrift der Kirche exemplarisch eingestiftet und anvertraut.

Das Evangelium, dem sich die Kirche verdankt, bildet auch das Kriterium, auf dem ihre Gemeinschaft gründet. Das eine Evangelium wurde in einzigartiger, einmaliger und endgültiger Weise den Aposteln übergeben. An der Einheit des Evangeliums musste festgehalten werden, auch angesichts von Meinungsverschiedenheiten und Widerstand (Gal 2, 11-14). Nach dem Zeugnis des Neuen Testaments blieben die Apostel als Empfänger des Evangeliums miteinander in konziliarer Gemeinschaft verbunden (vgl. Gal 2,8f.). Weil das Evangelium als Wort des einen Gottes nur eines sein kann und es kein anderes gibt (vgl. Gal 1,6–9), kann es auch nur in der Gemeinschaft der Apostel glaubwürdig bezeugt werden.

Die paulinische Rechtfertigungslehre kann als eine, aber nicht als die einzige dieser kerygmatischen und lehrhaften Entfaltungen des Christusgeschehens verstanden werden. Sie ist nicht mit dem apostolischen Christuszeugnis identisch, hat aber an ihm Anteil und steht hermeneutisch auf derselben Ebene wie andere Entfaltungen des apostolischen Christuszeugnisses bei den übrigen Aposteln. Sie ist ihnen somit nach Ursprung, Inhalt, Autorität und Normativität gleichrangig: »Es sei nun ich oder jene: so predigen wir und so habt ihr geglaubt.« (1Kor 15,11).

Die apostolische Verkündigung entspricht also in all ihren Ausprägungen dem Vorgang des Empfangens und Weitergebens einer Gabe. Beides wurzelt gemeinsam in der schenkenden Gnade Gottes. Die Gnade Gottes im Sinne der schenkenden Hingabe an die Menschen bestimmt den Inhalt des apostolischen Christuszeugnisses ebenso wie dessen Weitergabe in der Christusverkündigung an alle Menschen.

Zur Verbreiterung der biblischen Basis für die Rechtfertigungslehre müssen wir nach solchen Ausprägungen der Christusverkündigung im Neuen Testament suchen. Sie stimmen in der Sache (im Sinne des apostolischen Christuszeugnisses) überein, auch wenn sie sich in ihrer lehrhaften Reflexion und Entfaltung (im Sinne der kirchlichen Tradition) in dem, was sie akzentuieren, unterscheiden mögen. Die wichtigsten Zeugen dafür sind:

- die Briefe des Paulus (besonders der Römer- und der Galaterbrief), in denen angesichts von aktuellen Gefährdungen der Verkündigung des Evangeliums die paulinische Rechtfertigungslehre grundlegend entfaltet und reflektiert wird,
- das Matthäusevangelium als Zeugnis von der Gerechtigkeit (vgl. Mt 3,15; 5,6.10.20; 6,33), wie sie der Messias Jesus in seiner Verkündigung und Verwirklichung der Gottesherrschaft verkörpert und von seinen Nachfolgern fordert,
- der Jakobusbrief mit seinem Hinweis auf die »Frucht der Gerechtigkeit« (Jak 3,18) als notwendige Folge der Offenbarung des »Wortes der Wahrheit« (Jak 1,18) und als konstitutiver Bestandteil eines lebendigen Glaubens.

Kriterium für die Beurteilung und Einordnung dieser apostolischen Zeugnisse in die biblische Botschaft von der Rechtfertigung ist, ob sie dem Christusgeschehen entsprechen, dem Evangelium Jesu Christi, dem Wirken, Weg und Geschick des Menschen Jesus aus Nazareth, in dem Gott seine Gerechtigkeit zum Heil der Menschen hat Wirklichkeit werden lassen.

4. Die Tradition als Entfaltung der Schrift und das Zeugnis der Schrift als Massstab der Tradition

Die Notwendigkeit einer Tradition ergibt sich aus der universalen Relevanz der Rechtfertigung selbst. Da alle Menschen von Gott zum Heil in Christus berufen sind (vgl. GER 16) und die Botschaft von der Rechtfertigung, wie sie in der Schrift bezeugt ist, potenziell alle Menschen erreichen soll, bedarf es zu ihrer Vermittlung in unterschiedliche Zeiten und Kontexte hinein der Tradition. Eine solche lebendige Tradition setzt schon innerhalb des Neuen Testaments ein, wenn die paulinische Rechtfertigungstheologie aus ihren Entstehungszusammenhängen im Rahmen der Völkermission des Paulus in andere Kontexte übersetzt und dabei auch verändert wird (vgl. z. B. Eph 2).

Dieser lebendige Traditionsprozess vollzieht sich mittels verschiedener Traditionen, insofern sich der Rechtfertigungsglaube in Lehr- und Lebensgestalten kristallisiert. Wir können diese Tradition als eine durch Gottes Geist begründete Realität betrachten, in der sich die Annahme der biblischen Botschaft vollzieht. Während nun aber im biblischen Kanon eine Vielfalt von Zeugnissen definitiv als legitim und normativ abgesteckt ist, erfordern die vielfältigen Traditionen eine kritische Überprüfung im Licht des Zeugnisses der Schrift. Die Heilige Schrift fungiert also als Regel und Norm für Traditionen und als ein Orientierungspunkt für die Pluralität der verschiedenen Ausprägungen des Glaubens.

Die *Gemeinsame Erklärung zur Rechtfertigungslehre* arbeitet den Unterschied zwischen der Schrift und ihrer lehrmäßigen Umsetzung dadurch heraus, dass sie zwischen der Rechtfertigungs*botschaft* und der Rechtfertigungs*lehre* unterscheidet. Indem sie das tut, betont sie die Notwendigkeit, eine einfache Identifikation der Grundlage des christlichen Glaubens mit ihrer lehrmäßigen Auslegung und – so dürfen wir hinzufügen – deren traditionellen Ausformungen zu vermeiden.

»Die gegensätzliche Auslegung und Anwendung der biblischen Botschaft von der Rechtfertigung waren im 16. Jahrhundert ein Hauptgrund für die Spaltung der abendländischen Kirche« (GER 13). Deswegen verbindet die *Gemeinsame Erklärung* den Auftrag, »das gemeinsame Verständnis [der Rechtfertigungslehre] zu vertiefen«, mit dem Auftrag, »es in der kirchlichen Lehre und im kirchlichen Leben fruchtbar werden zu lassen« (GER 43). Es ist darum unerlässlich, die Reflexion auf die biblischen Grundlagen der Rechtfertigungslehre mit einer Reflexion auf die Schriftgemäßheit von Traditionen kirchlicher Lehre und kirchlichen Lebens zu verbinden, die von der Rechtfertigungsbotschaft betroffen sind, und gegebenenfalls solche Traditionen von der Schrift her kritisch zu überprüfen. Allerdings schließt eine Evaluierung der Übereinstimmung mit der Schrift die Aufgabe ein, exegetische Fragen und hermeneutische Überlegungen miteinander zu verbinden und zu prüfen, auf welche Weise biblische Texte ihre Rolle als Maßstab, an dem konfessionelle Traditionen gemessen werden, auch ausfüllen können.

Wenn wir Schrift und Traditionen miteinander ins Gespräch bringen, stoßen wir noch auf eine dazwischenliegende Ebene, nämlich die Traditionen der Schriftauslegung. Nur wenn exegetische Einsichten und bestimmte Auslegungstraditionen in ein Wechselgespräch miteinander gebracht werden, kann es gelingen, die biblische Basis der Rechtfertigungslehre zu vertiefen und zu verbreitern. Die Verwendung von Bibelstellen in klassischen evangelischen und katholischen Lehraussagen zur Rechtfertigung ist explizit zu thematisieren und von heutigem exegetischem Diskussionsstand aus zu beleuchten. Die Fragen, die sich aus dieser Aufgabe ergeben, werden im folgenden Kapitel dargelegt.

III. Traditionen der Bibelinterpretation

Die Auslegungen der biblischen Texte, die in dieser Studie vorgelegt werden, basieren auf bestimmten Voraussetzungen und haben Ziele und Methoden, die von denen verschieden sind, die in der Kirche viele Jahrhunderte lang – auch in der Reformationszeit – maßgeblich waren. In diesem Kapitel werden Beispiele für die exegetischen Debatten um den Römerbrief des Paulus untersucht, die in den Kontroversen der Reformation eine Rolle spielten. Obgleich Theologen in früheren Jahrhunderten oft unterschieden haben zwischen Bibelkommentaren und Werken, die die christliche Lehre darlegten, überlagerten sich doch in ihren Debatten unentwirrbar exegetische und systematische Aspekte, wie man sie heute nennen würde. Daher ist es schwierig, Ergebnisse der historisch-kritischen Erforschung der Heiligen Schrift zu dieser Tradition der Schriftauslegung ins Verhältnis zu setzen. Trotz beträchtlicher innerer Unterschiedlichkeit und lang dauernden Entwicklungen wurden in diesen Kommentaren insgesamt die Aufgaben der Schriftauslegung erheblich anders verstanden, als dies in der heutigen Exegese der Fall ist. Darum wird eine Reflexion auf das Problem, wie man Ergebnisse heutiger Forschung auf die traditionellen Schriftauslegungen und die ihnen korrespondierenden Verständnisse des christlichen Glaubens beziehen kann, am Ende dieses Kapitels stehen.

1. Die Gerechtigkeit Gottes

Martin Luthers grundlegende reformatorische Einsicht konzentrierte sich auf ein neues Verständnis des Ausdrucks »Gerechtigkeit Gottes«. Die

Bedeutung dieser Formel ist Gegenstand von Diskussionen in der gegenwärtigen Exegese, die oft kritisch gegenüber dem Verständnis Luthers ist. Darum wird es hilfreich sein, zu sehen, was Luther im Sinn hatte und in welchem Zusammenhang er sein Verständnis dieses Ausdrucks entwickelte.

»Ein ganz ungewöhnlich brennendes Verlangen hatte mich gepackt, Paulus im Römerbrief zu verstehen; aber nicht Kaltherzigkeit hatte mir bis dahin im Wege gestanden, sondern ein einziges Wort, das im ersten Kapitel steht: ›Gottes Gerechtigkeit wird darin offenbart.‹ (Röm. 1,17) Denn ich haßte diese Vokabel ›Gerechtigkeit Gottes‹, die ich durch die übliche Verwendung bei allen Lehrern gelehrt war philosophisch zu verstehen von der sogenannten formalen oder aktiven Gerechtigkeit, mittels derer Gott gerecht ist und die Sünder und Ungerechten straft. Ich aber, der ich, so untadelig ich auch als Mönch lebte, vor Gott mich als Sünder von unruhigstem Gewissen fühlte und mich nicht darauf verlassen konnte, daß ich durch meine Genugtuung versöhnt sei, liebte nicht, nein, haßte den gerechten und die Sünder strafenden Gott und war im stillen, wenn nicht mit Lästerung, so doch allerdings mit ungeheurem Murren empört über Gott [...]. So raste ich wilden und wirren Gewissens; dennoch klopfte ich beharrlich an eben dieser Stelle bei Paulus an mit glühend heißem Durst, zu erfahren, was St. Paulus wolle. Bis ich dank Gottes Erbarmen, unablässig Tag und Nacht darüber nachdenkend, auf den Zusammenhang der Worte aufmerksam wurde, nämlich: ›Gottes Gerechtigkeit wird darin offenbart, wie geschrieben steht: Der Gerechte lebt aus Glauben.‹ Da begann ich, die Gerechtigkeit Gottes zu verstehen als die, durch die als durch Gottes Geschenk der Gerechte lebt, nämlich aus Glauben, und daß dies der Sinn sei: Durch das Evangelium werde Gottes Gerechtigkeit offenbart, nämlich die passive, durch die uns der barmherzige Gott gerecht macht durch den Glauben, wie geschrieben ist: ›Der Gerechte lebt aus Glauben.‹ Da hatte ich das Empfinden, ich sei geradezu von neuem geboren und durch geöffnete Tore in das Paradies selbst eingetreten. Da zeigte mir sofort die ganze Schrift ein anderes Gesicht. Ich durchlief dann die Schrift nach dem Gedächtnis und sammelte entsprechende Vorkommen auch bei anderen Vokabeln: z. B. Werk Gottes, das heißt: was Gott in uns wirkt; Kraft Gottes, durch die er uns kräftig macht, Weisheit Gottes, durch die er uns weise macht, Stärke Gottes, Heil Gottes, Herrlichkeit Gottes. Wie sehr ich vorher die Vokabel ›Gerechtigkeit Gottes‹ gehaßt hatte, so pries ich sie nun mit entsprechend großer Liebe als das mir süßeste Wort. So ist mir diese Paulus-Stelle wahrhaftig das Tor zum Paradies gewesen. Später las ich Augustins Schrift Über den Geist und den Buchstaben. In ihr bin ich wider Erwarten darauf gestoßen, daß auch er die Gerechtigkeit Gottes ähnlich erklärt: als die, mit der Gott uns bekleidet, indem er uns rechtfertigt.«[1]

Dieser berühmte Text aus Luthers Vorrede zum ersten Band seiner lateinischen Schriften aus dem Jahr 1545 ist für unsere Studie nicht nur deshalb interessant, weil der Reformator eine exegetische Erkenntnis als den Kern der reformatorischen Entdeckung ansieht, sondern auch, weil er uns bewusst macht, wie komplex die Aufgabe ist, exegetische Einsichten weiterzuvermitteln und systematisch fruchtbar zu machen. Die Worte Augustins, die Luther als Bestätigung seiner Erkenntnis betrachtete, wurden von Petrus Lombardus in seinen *Sentenzen* zitiert.[2] Dieses Werk aus dem 12. Jahrhundert war im Mittelalter sehr weit verbreitet und wurde ungezählte Male kommentiert. Der Lombarde wiederholte jenes Verständnis in seinen eigenen Worten so: »Und wie unsere Gerechtigkeit ›Gottes Gerechtigkeit‹ genannt wird, nicht weil er selbst durch sie gerecht ist, sondern weil er uns durch sie gerecht macht, so ...«[3]. Man beachte jedoch, dass der Lombarde das Zitat aus Augustin zwar verwendet, um den Ausdruck »Liebe Gottes« zu erklären, jedoch keinen Gebrauch von der augustinischen Einsicht macht, wenn er von der Gerechtigkeit Gottes im Horizont des Jüngsten Gerichts handelt und erörtert, wie sich darin Barmherzigkeit Gottes und Gerechtigkeit Gottes zueinander verhalten.[4]

Für die mittelalterlichen Theologen war »Gerechtigkeit« der umfassende Begriff, während »Barmherzigkeit« in diesem Rahmen erklärt werden musste. In seinem *Proslogion* hatte Anselm von Canterbury eine Formel verwendet, die später oft zitiert werden sollte: »Wenn Du [Gott] nämlich die Bösen bestrafst, ist es gerecht, weil es ihren Verdiensten entspricht; wenn Du sie jedoch verschonst, ist es gerecht, nicht weil es ihren

---

1 WA 54; 185,14–186,18 (zitiert nach Martin Luther, Ausgewählte Schriften, hrsg. v. G. Ebeling/K. Bornkamm, Bd. 1, Frankfurt a. M. 1982, 22–24).

2 Magistri Petri Lombardi Sententiae in IV libris distinctae, lib. 1, dist. 17, cap. 6 (Spicilegium Bonaventurianum IV, Grottaferrata 1971, 149,7–12). Im Augustin-Zitat heißt es (ebd., Z. 11): »[...] wie ›Gerechtigkeit Gottes‹ gebraucht wird in der Bedeutung, daß wir durch sie als sein Geschenk gerecht gemacht werden«. Augustinus verwendet diesen Ausdruck zusammen mit anderen Ausdrücken wie »Liebe Gottes«, »Heil des Herrn«, »Glaube Christi«.

3 A. a. O. (siehe vorige Anm.), 149,14f.

4 Vgl. Sent. IV, dist. 46 (Magistri Petri Lombardi Sententiae in IV libris distinctae [Spicilegium Bonaventurianum V, Grottaferrata 1981], 529–537).

Verdiensten, sondern weil es deiner Güte entspricht.«[5] Anselm verstand Gottes Gerechtigkeit entsprechend seinem allgemeinen Begriff von »Gerechtigkeit«: Gerechtigkeit ist »Rechtheit des Willens, eine Rechtheit, die um ihrer selbst willen bewahrt wird«[6]. So ist »Gerechtigkeit Gottes« eher als Attribut Gottes denn als ein Geschenk Gottes wie bei Augustin aufgefasst worden. In seinem Vorwort bezieht sich Luther darauf, wie der Ausdruck »Gerechtigkeit Gottes« in dogmatischen Abhandlungen von einer großen Mehrheit von Theologen verstanden wurde. In ihnen war das augustinische Verständnis nicht das dominierende.

In den exegetischen Kommentaren auf der anderen Seite kann man verschiedene Motive im Verständnis von »Gottes Gerechtigkeit« finden. Der Ambrosiaster zum Beispiel verstand Gottes Gerechtigkeit als ein Attribut Gottes: Gottes Treue und Wahrhaftigkeit im Halten von Verheißungen. Pelagius wählte einen anderen Ansatz: Gottes Gerechtigkeit ist vergeltende Gerechtigkeit, wobei die Gnade nebengeordnet ist. Augustins Verständnis war wiederum anders als diese beiden Auffassungen. Weil Augustin die Macht der Gnade Gottes und ihre Wirkungen betonte, ist »Gerechtigkeit Gottes« für ihn nicht ein Attribut Gottes, sondern sein Geschenk. Später wurden diese drei Motive von vielen Theologen immer wieder gemischt, so dass in einer Auslegung zwar das augustinische Verständnis zitiert, zugleich aber durch die beiden anderen Motive zur Seite gedrängt werden konnte. Darum macht die Anwesenheit der augustinischen Konzeption allein die Position eines Theologen noch nicht augustinisch. Man muss vielmehr im Einzelfall untersuchen, wie das Gesamtverständnis sich aus den unterschiedlichen Strängen zusammensetzt.

Ein entscheidender Punkt ist dabei die Auslegung von Röm 1,18. Dieser Vers spricht vom Zorn Gottes, nachdem direkt im Vers davor von Gottes Gerechtigkeit die Rede war. Das hat Kommentatoren veranlasst, von »der anderen Seite der Gerechtigkeit Gottes« zu sprechen, so dass der Begriff zweideutig wird, auch in biblischen Kommentaren. Ein schlagendes Beispiel für diese Verbindung der Sichtweisen findet sich im Römerbriefkommentar von Thomas von Aquin. Mit Bezug auf Röm 1,17

---

[5] Anselm von Canterbury, Proslogion, cap. 10 (Anselm von Canterbury, Proslogion/Anrede. Lateinisch/Deutsch, übersetzt und mit Anmerkungen und Nachwort versehen v. R. Theis [Reclams Universal-Bibliothek 18336], Stuttgart 2005, 38–41).

[6] Anselm von Canterbury, De veritate, cap. 12 (Anselm von Canterbury, Über die Wahrheit, übersetzt, mit einer Einleitung und Anmerkungen hrsg. v. M. Enders [Philosophische Bibliothek Meiner 535], Hamburg 2003, 64f.).

erwähnt er zwei Bedeutungen des Ausdrucks »Gerechtigkeit Gottes«, ohne sich für die eine oder andere zu entscheiden: (a) Der Ausdruck kann die Gerechtigkeit meinen, durch die Gott gerecht ist – mit Bezug auf Ps 11,7, oder (b) die Gerechtigkeit, mit der Gott Menschen rechtfertigt. »Denn die Gerechtigkeit der Menschen wird verstanden als die, durch welche sie den Anspruch erheben, sich durch ihre eigenen Kräfte zu rechtfertigen, wie Röm 10,3 sagt: ›sie kennen die Gerechtigkeit Gottes nicht, und sie suchen ihre eigene aufzurichten; sie waren der Gerechtigkeit Gottes nicht gehorsam‹.«[7] Aber wenn die Auslegung zum nächsten Vers, Röm 1,18 (»Denn der Zorn Gottes ist geoffenbart vom Himmel wider alle Gottlosigkeit ...«), kommt, stellt Thomas ohne weitere Erklärung fest: »Ich sage mit Recht, dass in ihm [dem Evangelium] die Gerechtigkeit Gottes geoffenbart wird, denn in ihm wird der Zorn geoffenbart, das heißt seine Strafe, die ›Zorn Gottes‹ genannt wird wegen einer gewissen Ähnlichkeit mit einem zornigen Menschen, der auf eine äußere Strafe aus ist.«[8]

Diese kurzen Hinweise auf die Auslegungsgeschichte zeigen, dass Luther sein Verständnis von »Gerechtigkeit Gottes« in einem hochkomplexen theologischen Kontext entwickelt hat. Es verdient Beachtung, dass das Konzil von Trient, als es definierte, was Rechtfertigung ist, die Formel Augustins wählte: »Schließlich ist die einzige Formalursache [der Rechtfertigung] die Gerechtigkeit Gottes, nicht (jene), durch die er selbst gerecht ist, sondern (die), durch die er uns gerecht macht [...]«.[9]

2. Allein durch Glauben?

Während der Reformation war Röm 3,28 (»So halten wir nun dafür, dass der Mensch gerecht werde ohne des Gesetzes Werke, allein durch den Glauben.«) Gegenstand einer Kontroverse. In seiner Übersetzung ins Deutsche fügte Luther vor »durch den Glauben« das Wort »allein« ein. Dafür wurde er scharf kritisiert, er entstelle den Text und verführe die

[7] Thomas von Aquin, Expositio in epistolam ad Romanos, cap. 1, lectio 6, in: S. Thomae Aquinatis Doctoris Angelici super epistolas S. Pauli lectura, cura P. Raphaelis Cai, O.P., editio VIII revisa, vol. 1, Turin/Rom 1953, 20 (§ 102).

[8] A.a.O., 21 (§ 109).

[9] Denzinger-Hünermann, Enchiridion symbolorum definitionum et declarationum de rebus fidei et morum, Freiburg/Basel/Wien [40]2005, Nr. 1529.

Menschen zu denken, dass sie keine guten Werke tun müssten. Luther verteidigte seine Übersetzung, indem er (a) auf eine besondere Eigenart der deutschen Sprache Bezug nahm und (b) ein exegetisches Argument lieferte. Zu (a): Es ist die Art der deutschen Sprache, »daß sie das Wort ›allein‹ hinzusetzt, damit das Wort ›nicht‹ oder ›kein‹ desto vollständiger und deutlicher sei. Denn obwohl ich auch sage: Der Bauer bringt Korn und kein Geld, so klingt doch das Wort ›kein Geld‹ nicht so vollständig und deutlich, wie wenn ich sage: Der Bauer bringt allein Korn und kein Geld. Denn hier hilft das Wort ›allein‹ dem Wort ›kein‹ dazu, daß es eine vollständige deutsche, klare Rede wird.«[10] Zu (b): Luther betonte, dass er seine Übersetzung auf den Ausdruck »ohne des Gesetzes Werke« gründe: »Und Gal 2,16 steht: ›Nicht durch die Werke des Gesetzes‹, und so an anderen Stellen sehr oft. Denn das Wort ›allein der Glaube‹ könnte noch eine erklärende Anmerkung finden, aber das Wort ›ohne Werke des Gesetzes‹ ist so grobschlächtig, ärgerlich, schändlich, daß man mit keiner Wegerklärung helfen kann [...] Mich wundert aber, daß man sich in dieser offenkundigen Sache so sperren kann. Sage mir doch, ob Christi Tod und Auferstehen unser Werk sei, das wir tun, oder nicht? Es ist doch nicht unser Werk, noch irgendeines Gesetzes Werk. Nun macht uns ja allein Christi Tod und Auferstehen frei von Sünden und fromm, wie Paulus sagt Röm. 4,25: ›Er ist gestorben um unserer Sünde willen und auferstanden um unserer Gerechtigkeit willen.‹ Weiter sage mir: Welches ist das Werk, womit wir Christi Tod und Auferstehen erfassen und festhalten? Es darf doch kein äußerlich Werk, sondern allein der ewige Glaube im Herzen sein; derselbe allein, ja, ganz allein und ohne alle Werke erfaßt solchen Tod und Auferstehen, wo sie gepredigt werden durchs Evangelium.«[11]

Schaut man in die Auslegungsgeschichte von Röm 3,28 hinein, kann man sagen, dass es darin einen überwiegenden Konsens gibt, dass der Vers, weil er die Werke des Gesetzes ausschließt, Rechtfertigung »allein aus Glauben« meint. Das *sola fide* kann ausdrücklich im Kommentar des Origenes gefunden werden. Er [Paulus] sagt, »die Rechtfertigung durch den Glauben allein genüge; so dass jemand nur aufgrund des Glaubens

---

[10] WA 30/2; 637,12–17 (»Ein Sendbrief D. Martin Luthers vom Dolmetschen«; 1530; zitiert nach: Martin Luther, Ausgewählte Schriften, Bd. 5, hrsg. v. G. Ebeling/ K. Bornkamm, Frankfurt a. M. 1982, 148).

[11] WA 30/2; 641,18–21; 642,6–15 (zitiert nach Martin Luther, Ausgewählte Schriften [siehe vorige Anm.], 154f.).

gerechtfertigt wird, auch wenn er kein einziges Werk vollbracht hat.«[12] Origenes erwähnt als Beispiele den Schächer am Kreuz (Lk 23,42f.) und die Sünderin nach Lk 7,36–50. Trotzdem setzt Origenes bei Röm 4,1–8 die Meinung, dass Abraham durch Glauben gerechtfertigt wurde, neben ein Zitat aus Jak 2,21f., wonach Abraham durch Glauben, der durch Werke vollendet wurde, gerechtfertigt wurde. »Es ist nämlich sicher, dass der wahrhaft Glaubende das Werk des Glaubens, der Gerechtigkeit und umfassenden Güte wirkt.«[13]

Thomas von Aquin stellt fest, dass in Röm 3,28 die Werke ausgeschlossen sind, und mit Bezug auf Tit 3,5 erläutert er, dass damit nicht nur rituelle Werke gemeint sind. Darüber hinaus erklärt er, dass Paulus von den Werken vor der Rechtfertigung spricht und nicht über die ihr folgenden Werke, die ausdrücklich von Jak 2,26 gefordert werden.[14]

Nach der Reformation konnte die römisch-katholische Theologie in Deutschland von Röm 3,28 nicht sprechen, ohne Luthers Übersetzung zu berücksichtigen. Im 19. Jahrhundert lehnte Johann Adam Möhler Luthers Übersetzung von Röm 3,28 keineswegs ab; er wies vielmehr die Folgerungen zurück, die Luther nach seiner Auffassung aus seiner Theologie des Glaubens gezogen hat:

> »Hier schob Luther nach *pistei* ›allein‹ ein; an sich nicht zu tadeln, da der Genius der deutschen Sprache es zuläßt, ja es fordert, um den Gegensatz scharf auszudrücken. Darüber ist nun auch Luther nicht getadelt worden, sondern, weil er den Glauben und den Gegensatz vom Glauben nicht nur falsch verstanden, sondern dieses falsche Verständnis zur Grundlage seiner Lehre gemacht hat. Sein Gegensatz von Glauben war nicht nur die der Rechtfertigung vorhergegangenen, sondern auch die aus ihr folgenden Werke; so daß sein rechtfertigender Glaube den Begriff der Liebe und *guten* Werke ausschloß.«[15]

---

12 Origenes, Commentarii in epistulam ad Romanos 3,9 (PG 14, 952; FC 2/2, 132f.). »[E]t dicit sufficere solius fidei iustificationem, ita ut credens quis tantummodo iustificetur, etiamsi nihil ab eo operis fuerit expletum.«

13 Origenes, Commentarii in epistulam ad Romanos 4,1 (PG 14, 961; FC 2/2, 164f.).

14 Thomas von Aquin, Expositio in epistolam ad Romanos, cap. 3, lectio 4 (a. a. O., 56 [§ 317]).

15 J. A. Möhler, Vorlesungen zum Römerbrief, München 1990, 110f. (im Original statt Kursivierung gesperrt).

Freilich ist nach Luther der Glaube zuinnerst mit der Liebe und guten Werken verbunden, wie man an seiner Vorrede zum Römerbrief sehen kann:

> »Aber Glaube ist ein göttliches Werk in uns, das uns wandelt und neu gebiert aus Gott (Joh 1 [12f.]), und tötet den alten Adam, macht uns zu ganz anderen Menschen im Herzen, Mut, Sinn und allen Kräften, und bringt den Heiligen Geist mit sich. O, es ist ein lebendig, geschäftig, tätig, mächtig Ding um den Glauben, dass es unmöglich ist, dass er nicht ohne Unterlass sollte Gutes wirken. Er fragt auch nicht, ob gute Werke zu tun sind, sondern, ehe man fragt, hat er sie getan, und er ist immer im Tun. Wer aber solche Werke nicht tut, der ist ein glaubensloser Mensch, tappt und sieht um sich nach dem Glauben und guten Werken und weiß weder, was Glaube noch was gute Werke sind, macht jedoch ein Gewäsch und Geschwätz mit vielen Worten um Glauben und gute Werke.«[16]

Ein schärferes Urteil findet sich in einem im 20. Jahrhundert weit verbreiteten neuscholastischen Lehrbuch: »Mit der Heilige[n] Schrift trat Luther in offenen Widerspruch, wenn er Röm. 3,28 durch die Einschwärzung des Wörtchens ›allein‹ fälschte und den Jakobusbrief als ›ströherne Epistel‹ verwarf.«[17]

3. Der Römerbrief des Paulus und der Jakobusbrief

Die unterschiedlichen Auslegungen von Röm 3,28 haben bereits deutlich gemacht, dass das Verständnis dieses Verses damit zusammenhängt, wie man die Beziehung zwischen dem Römerbrief und dem Jakobusbrief versteht. Luther stellte fest, dass es einen Widerspruch zwischen Paulus und Jakobus gibt, weshalb er den Jakobusbrief abwertete. Seine Argumente sind folgende: (a) Dass der Jakobusbrief »stracks wider S. Paulum und die übrige Schrift den Werken die Gerechtigkeit zuschreibt [Jak 2,24] und spricht, Abraham sei aus seinen Werken gerecht geworden, da er seinen Sohn opferte [Jak 2,21], während doch Paulus Röm. 4 dagegen lehrt, dass Abraham ohne Werke gerecht geworden sei, allein durch seinen Glauben, und er beweist das mit Mose (Gen. 15[,6]), bevor er seinen Sohn opfert.

---

16 WA DB 7, 11,6–23 (leicht modernisiert).

17 J. Pohle/J. Gummersbach, Lehrbuch der Dogmatik 2, Paderborn 1965, 691.

Auch wenn nun dieser Epistel gut geholfen werden könnte und für solche Gerechtigkeit der Werke eine Glosse gefunden werden könnte, so kann man sie dennoch darin nicht verteidigen, dass sie das Wort Moses (Gen. 15) (welches allein von Abrahams Glauben und nicht von seinen Werken sagt, wie ihn S. Paulus Röm. 4 anführt) doch auf die Werke bezieht. Deshalb beweist dieser Mangel, dass diese Epistel nicht die eines Apostels ist.«[18] (b) »Aufs zweite, dass sie [die Epistel des Jakobus] will Christenleute lehren, und gedenkt nicht einmal in solch langer Lehre des Leidens, der Auferstehung, des Geistes Christi. Er nennt Christus etliche Male, aber er lehrt nichts von ihm, sondern spricht vom allgemeinen Glauben an Gott. Denn das Amt eines rechten Apostels ist, dass er von Christi Leiden und Auferstehung und Amt predigt und für diesen Glauben Grund legt, wie er selbst sagt (Joh 15[,27]): ›Ihr werdet von mir zeugen‹. Und darin stimmen alle rechtschaffenen Bücher überein, dass sie Christus predigen und treiben. Auch ist das der rechte Prüfstein, mit dem man alle Bücher tadeln kann, wenn man sieht, ob sie Christus treiben oder nicht.«[19]

Das Problem des Verhältnisses der Beziehung zwischen dem Brief des Paulus an die Römer und dem Brief des Jakobus spielte beim zweiten Regensburger Religionsgespräch von 1546 eine gewisse Rolle. Martin Bucer stimmte dabei zu, dass Glaube, Liebe und Hoffnung zusammengehören müssen, weil der Glaube andernfalls toter Glaube nach Jak 2,17 wäre. Aber weil Liebe und Hoffnung auf den Glauben folgen, könne man hier nicht von Verdienst reden.[20] Bucers katholische Gegner benutzten Jak 2 als Argument für die Auffassung, dass die Rechtfertigung durch das Mittel der guten Werke wachse.[21]

Auf dem Konzil von Trient kam es zu Diskussionen über das Problem der Werke. Die Beziehung zwischen Röm 3,24–28 (»ohne des Gesetzes Werke«) und Röm 4,6 und Eph 2,9 (»ohne Werke«) wurde viel diskutiert. Um dieses Problem nicht entscheiden zu müssen, wurden die Worte »ohne Werke (*sine operibus*)« im Dekret (Kapitel 8) gestrichen, weil der

---

18 Vorwort zu den Episteln Jakobus und Judas (WA DB 7; 385,9–14; leicht modernisiert).

19 Ebd., Z. 19–27.

20 Vgl. M. Bucer, Disputatio Ratisbonae, in altero colloquio, Ano XLVI [...], Basel, 74, zit. nach L. Vogel, Das zweite Regensburger Religionsgespräch von 1546, Gütersloh 2009, 370, Anm. 489–491.

21 Vgl. Hauptstaatsarchiv Stuttgart, H 55, Bü. 15, Protokoll, Teil D (darauf bezieht sich L. Vogel, a.a.O. [vorige Anm.], 249).

Ausdruck »ohne Werke« ohne eine zusätzliche Bestimmung Jak 2,24 widersprechen würde.[22] Der Text des Konzils bezieht die Werke, die nach Jak 2,24–26 getan werden sollen, klar auf das Wachstum der empfangenen Rechtfertigung,[23] während es feststellt, dass »nichts von dem, was der Rechtfertigung vorhergeht, ob Glaube oder Werke, die Gnade der Rechtfertigung selbst verdient«[24].

Beim Übergang vom Kapitel über die Rechtfertigung zum Kapitel über die guten Werke erklärt das Zweite Helvetische Bekenntnis 1566 die Beziehung zwischen der paulinischen Rechtfertigungslehre und den Aussagen des Jakobus folgendermaßen (Kapitel 15):

> »Deshalb reden wir auch hier nicht vom erheuchelten, leeren, müßigen und toten Glauben, sondern vom lebendigen und Leben schaffenden Glauben. Dieser Glaube ist und heißt lebendig, weil er Christus erfaßt, der das Leben ist und das Leben schafft. In keiner Weise widerstreitet daher Jakobus unserer Lehre, da er von einem leeren und toten Glauben redet, mit dem sich gewisse Leute brüsteten, während sie doch nicht im Glauben den lebendigen Christus im Herzen trugen. Und wenn er gesagt hat, die Werke machten gerecht, so will er damit nicht dem Apostel Paulus widersprechen - sonst wäre er ja verwerflich! -, sondern zeigen, daß Abraham seinen lebendigen, rechtfertigenden Glauben durch Werke bewährt habe, wie es alle Frommen tun, die allein auf Christus und nicht auf ihre eigenen Werke vertrauen (Jak. 2,14ff.).«[25]

So sehen wir drei verschiedene Versionen der Beziehung zwischen dem Römerbrief und dem Jakobusbrief: 1. Gegensatz (Luther), 2. Harmonie aufgrund der Ansicht, dass der lebendige Glaube gute Werke tut, ohne auf Verdienste aus zu sein (Bucer, Zweites Helvetisches Bekenntnis), 3. Harmonie aufgrund der Behauptung, dass die Werke des Gerechtfertigten zum Wachstum der Rechtfertigung beitragen (Trient, Möhler).

---

22 Vgl. H. Jedin, Geschichte des Konzils von Trient, Bd. II, Freiburg 1957, 249.

23 Konzil von Trient, Dekret über die Rechtfertigung, Kap. 10 (DH 1535).

24 DH 1532.

25 H. Bullinger, Das Zweite Helvetische Bekenntnis, Zürich [5]1998, 70f.

4. Römer 7

Was die Auslegung von Röm 7, vor allem der Verse 14 bis 25 betrifft, gibt es einen klaren Unterschied zwischen dem vorherrschenden Strang der Bibelauslegung der letzten Jahrhunderte und der neueren historisch-kritischen Exegese. Eine der Hauptfragen war immer: Wer ist das Ich, das in Röm 7 spricht? Viele heutige Exegeten behaupten, dass das Ich alle Menschen vor dem Empfang der Gnade meint, jedoch aus der Perspektive des Apostels Paulus, der inzwischen Christ geworden ist. Im Unterschied dazu bezogen viele frühe christliche Theologen Röm 7 auf alle Menschen mit Einschluss der Christen nach Taufe und Rechtfertigung.[26] Nach Origenes zum Beispiel spricht Paulus in Röm 7 als Lehrer, der die Rolle eines Schülers oder einer schwachen Person annimmt, um mit ihr in einer pädagogisch fruchtbaren Weise zu kommunizieren. Er versteht die Erfahrungen, die in Röm 7 erwähnt werden, als die Erfahrungen derer, »die begonnen haben umzukehren«[27].

Augustins Entwicklung in dieser Frage ist aufschlussreich. Für den frühen Augustinus spricht Röm 7 vom Menschen vor der Gnade. Später jedoch, in antipelagianischer Wendung, weist er dieses Verständnis als häretisch zurück.[28] Eine Reihe von Faktoren hat diesen Sinneswandel zuwege gebracht, darunter nicht nur exegetische Erwägungen, sondern auch weitreichende systematische Überlegungen und eine Reihe von persönlichen und pastoralen Erfahrungen in der Reichskirche seiner Zeit, die ihn davon überzeugten, dass die Gnade ihre Macht das ganze Leben lang im Kampf gegen die Sünde beweisen muss. Daher war eine Auslegung, die heute exegetisch als falsch erscheint, existenziell bedeutungsvoll für die Menschen seiner Zeit.

Nach Augustinus blieb diese Interpretation für Jahrhunderte die Standardinterpretation. In seinem Römerbriefkommentar erwähnt Thomas von Aquin beide Weisen, Röm 7 zu verstehen, deutet aber an, dass er die Auslegung, die den Text auf den Christen bezieht, für die bessere

---

[26] Vgl. Methodius, De resurrectione 2,11–8,8; Cyrill von Alexandria, Expositio epistulae ad Romanos (PG 74, 809–812). Vgl. K. H. Schelkle, Paulus Lehrer der Väter, Düsseldorf 1956, 224–258.

[27] Origenes, Commentarii in epistulam ad Romanos 6,9 (PG 14, 1087; FC 2/3, 274f.).

[28] Vgl. Retractationes 1,22,2 (CSEL 36, 105); Contra duas epistolas Pelagianorum 1,8,22 (CSEL 60, 433.442f.).

hält.[29] In der katholischen Theologie wurde dieses Verständnis auch nach der Reformation weiter vertreten, sogar bis ins 20. Jahrhundert.[30]

Das Problem der Interpretation von Röm 7 wird besonders akut, wenn es sich um Luthers Auslegung dieses Kapitels handelt. Dieses Kapitel spielt eine wichtige Rolle in Luthers Theologie und in der lutherischen Theologie überhaupt, insofern es den exegetischen Hauptbeleg für das Verständnis des Christen als zugleich Gerechter und Sünder (*simul iustus et peccator*) darstellt. Darum sollen Luthers Überlegungen hier etwas näher beschrieben werden. Dies stellt auch eine kleine Fallstudie dar zum Verhältnis zwischen Exegese, wie sie vor dem Entstehen der historisch-kritischen Methode betrieben wurde, und Exegese, wie sie die meisten heutigen Exegeten vornehmen.

Bei seiner Begründung für die Identifikation des Ich in Röm 7 mit dem Ich des Apostels Paulus, der von sich selbst spricht, zitiert Luther ausführlich Augustinus und trägt eine Reihe von zusätzlichen Argumenten für seine Position vor. Eines dieser Argumente hält es für ein Merkmal einer geistlichen Person, von sich zu wissen, dass sie »Fleisch« ist. Andere Argumente haben gemeinsam, dass sie weitere Kennzeichen einer geistlichen Person benennen, so dass man annehmen muss, dass Paulus über sich als Christen spricht. Luther dachte in der Alternative: Entweder spricht Paulus von sich, bevor er Christ wurde, und in der Person eines jeden Menschen vor der Rechtfertigung, oder er spricht von sich selbst als Christ. Er dachte nicht an die Möglichkeit, dass Paulus den nichtchristlichen Menschen aus der Perspektive des Christen in den Blick nehmen könnte.

Weil die meisten Theologen vor Luther sein Verständnis des Ich in Röm 7 teilten, kann dies nicht der entscheidende Punkt seiner Auslegung sein. Seine besondere Lesart erscheint vielmehr in der Beschreibung und Analyse des Konflikts, in dem das Ich des Christen gefangen ist. Luther legt Röm 7,15b–16 (»Ich tue nämlich nicht das, was ich will, sondern was ich hasse, das tue ich. Wenn ich aber, was ich willentlich verwerfe, tue, stimme ich dem Gesetz zu, dass es gut ist.«) so aus:

---

29 Thomas von Aquin, Expositio in epistolam ad Romanos, cap. 7, lectio 3, a. a. O., 101–105 (vgl. vor allem 106, § 576). In der Summa theologiae nimmt er »natürlich« an, dass dieses Kapitel vom Christen spricht (STh I/II qu.109, a.8c und a.9c).

30 Vgl. zum Beispiel J. Pohle/J. Gummersbach, Lehrbuch der Dogmatik 2, Paderborn 1965, 569.

»Man darf nicht denken, dass der Apostel so verstanden werden will, dass er in einem moralischen und metaphysischen Sinn das Böse, das er hasst, tut und das Gute, das er will, nicht tut, als ob er nichts Gutes, sondern nur Böses tun würde; so nämlich hören sich seine Worte für menschliches Verstehen an. Vielmehr meint er, dass er nicht so oft und nicht so viel Gutes tut und dass er es nicht mit einer so großen Leichtigkeit tut, wie er will. Er will nämlich [das Gute] ganz rein, ganz frei und mit größter Freude tun, ohne Mühen aufgrund des widerstrebenden Fleisches. Das aber vermag er nicht.«[31]

In diesem Verständnis sieht Luther sich in Übereinstimmung mit Augustinus. Nach Augustinus bestreite Paulus, dass der Christ als geistlicher Mensch einen Zustand erreichen könne, in dem die Begierde nicht existierte oder aktiv wäre. Auch wenn dies nicht möglich ist, kann der Christ jedoch die Begierde daran hindern, sich in bestimmten äußeren Akten oder Werken (*opus*) zu manifestieren. Weil der Christ als geistlicher Mensch der Begierde nicht zustimmt, erlaubt er dem Fleisch nicht, sein Werk vollkommen auszuführen; aber er kann seine Aktivität auch nicht auslöschen. Darum kann auch – auf der anderen Seite – der Christ als geistlicher Mensch seinen Willen nicht vollkommen realisieren, eben weil die Begierde sich dem entgegenstellt.

Im 20. Jahrhundert haben Exegeten bestritten, dass Paulus dies in Röm 7 im Sinn hatte. Viele Faktoren wie Mönchtum, der Einfluss Augustins, Bußübungen und Mystik haben in der Zeit nach Paulus dazu beigetragen, dass ein neues und tieferes Verständnis des Personseins entstanden ist. Dieses hat Luther aufgenommen und noch weiterentwickelt, so dass sein Verständnis sich von dem des Paulus unterscheidet.

Wie kann man diese Prozesse theologisch beurteilen? Es genügt nicht, die historischen Fakten einfach zu konstatieren. Kann Luthers Verständnis verteidigt werden? Luther trägt biblische Argumente vor, die ihn nötigen, über das Verständnis des Paulus hinauszugehen zu einem tieferen Verständnis der Wirklichkeit des Christen. Wir können diese Entwicklung kurz an Luthers These »Der Gerechte sündigt, auch wenn er Gutes tut«[32] studieren. Diese These war für Luthers Zeitgenossen ebenso schockierend, wie sie das für uns heute ist. Aber Luther präsentierte Argumente für die These:

---

31 WA 56; 341,27–33 (unsere Übersetzung).

32 WA 1; 367,2 (Heidelberger Disputation; 1518): »Quod iustus etiam inter bene operandum peccet«.

»Ich beweise das rational so (*Ratione probo*). Wer weniger tut, als er muss, sündigt [1]. Aber jeder Gerechte, der Gutes tut, tut weniger, als er muss [2]. Also. Die zweite Prämisse [2] beweise ich so: Wer nicht mit einer ganzen und vollkommenen Liebe zu Gott gut handelt, der tut weniger, als er muss [3]. Aber jeder Gerechte ist ein solcher Mensch [4]. Die erste Prämisse [dieses Beweises für (2), nämlich Proposition (3)] beweise ich mit jenem Gebot: ›Du sollst den Herrn, deinen Gott, lieben aus ganzem Herzen und mit allen deinen Kräften usw.‹ Darüber sagt der Herr in Matthäus 5[,18]: ›Nicht ein Iota noch ein Buchstabe vom Gesetz wird vergehen, bevor dies alles geschieht‹. Also müssen wir Gott mit allen Kräften lieben, oder wir sündigen. Aber die zweite Prämisse [dieses Beweises für (2), nämlich Proposition (4)] ist oben bewiesen worden, dass der Gegenwille (*noluntas*) im Fleisch und in den Gliedern diese Ganzheit verhindert, so dass nicht alle Glieder und Kräfte Gott lieben, sondern dieser Gegenwille widerstrebt dem inneren Willen, der Gott liebt.«[33]

Die entscheidende Frage ist, wie das Gebot der Liebe zu Gott verstanden wird. Im Mittelalter verstand man es allgemein so, dass alle Werke zuletzt aus Liebe zu Gott getan werden sollen. Aber was heißt das, wenn diese Liebe in Übereinstimmung mit dem Gebot »Du sollst lieben den Herrn, deinen Gott, von ganzem Herzen, mit ganzer Seele und mit deinem ganzen Verstand und mit all deiner Kraft.« (Mk 12,30) verstanden werden soll? Dieses Problem haben scholastische Theologen wie Gabriel Biel, dessen Werke Luther sorgfältig studiert hat, ausdrücklich diskutiert.

Biel bezieht sich auf Augustins Verständnis dieses Gebots und fasst es so zusammen: »›Du sollst Gott lieben mit deinem ganzen Herzen usw.‹ ist gleichbedeutend mit: Du sollst Gott lieben mit allem, was in dir ist, und nichts sei in deinem Denken, Verlangen, Sinn und Werk, das Gott nicht gehorsam ist, sondern alles werde auf ihn bezogen, dem es gehört.«[34]

Versteht man das Gebot so, dann fordert es die Hingabe der ganzen Person an Gott. Deshalb ist es höchst überraschend, wenn Biel feststellt, dieses Gebot könne auch mit den Worten »Du sollst Gott über alles lieben (*diligere*)« zusammengefasst werden,[35] denn *diligere* ist in Biels Verständnis ein Akt des Willens; der Wille aber ist nicht die ganze Person. Im Ge-

---

33 WA 1; 368,9–20. Mit »oben bewiesen« verweist Luther auf WA 1; 367,15–368,3.

34 Gabriel Biel, Collectorium circa quattuor libros Sententiarum, hrsg. v. W. Werbeck/U. Hofmann, Bd. III, Tübingen 1979, 491 (H 26–29).

35 Vgl. Biel, a. a. O. (siehe vorige Anm.), 491,35f.

gensatz zu Biel besteht Luther auf dem biblischen Gebot und erklärt, die ganze Person sei in allen ihren Dimensionen zur Hingabe an Gott aufgefordert. Das ist für ihn der Wille Gottes; es ist der Hauptinhalt des Gesetzes. Da wir aber unfähig sind, das Gesetz zu erfüllen, wenn es auf diese geistliche Weise verstanden wird, sind und bleiben wir Sünder, auch als Christen. Es war dieses zentrale biblische Gebot, das Luther nötigte, über das hinauszugehen, was wir heute bei Paulus lesen, wobei Luther überzeugt war, den Apostel treu interpretiert zu haben. Es sollte hinzugefügt werden, dass nach Luther (a) der Glaubende gerecht gemacht wird, indem er im Glauben an Jesu Christi Erfüllung des Gesetzes teilhat, und dass es deswegen in Bezug auf das Evangelium keine Verurteilung des Glaubenden gibt; dass (b) der Heilige Geist durch den Glauben neue innere Bewegungen in einer Person hervorruft mit der Wirkung, dass die Sünde nicht in den sterblichen Leibern der Glaubenden herrscht; und dass (c) das Gesetz durch einen Willensakt und einen diesem entsprechenden äußeren Akt erfüllt werden kann, wenn auch nicht mit der Hingabe der ganzen Person und somit nicht in geistlichem Sinn.

Diese kurze Darstellung von Luthers Argumentation zeigt, dass es Gründe für den Reformator gegeben hat, die Theologie des Paulus so weiterzuentwickeln, wie er es getan hat. Wenn wir Luthers komplexe Argumentation in den Blick nehmen, dann können wir seine Theologie rekonstruieren, auch wenn wir mit einem heutigen Verständnis des Paulus beginnen. Lutheraner werden den klaren Unterschied zwischen einigen Aspekten der historisch-kritischen Auslegung des Paulus und Luthers Verständnis einräumen müssen. Luther lebte zweihundert Jahre früher, als sich ein historisch-kritisches Bewusstsein von der Distanz von Ereignissen und Texten der Vergangenheit zur jeweiligen Gegenwart des Interpreten entwickelte. Weil Luther in einer Zeit lebte, die sich von der des Paulus unterschied, und mit einer Vielzahl von anderen Problemen in der Kirche konfrontiert war, stand er vor der Herausforderung, die Theologie des Paulus unter der Orientierung am Gebot der Gottesliebe weiterzuentwickeln. Deshalb bietet dieser Fall ein Beispiel dafür, dass biblische Texte einen »Mehrwert an Bedeutung« (*surplus of meaning*) haben, der über das hinausgeht, was sie in ihrem ursprünglichen Zusammenhang aussagen.

5. Abschliessende hermeneutische Bemerkungen

Alle Kirchen haben die Bibel gemeinsam. Dies sollte als Quelle ihrer Einheit dienen. Aber unterschiedliche Auslegungen biblischer Texte haben zu Trennungen in der Christenheit geführt oder zumindest dazu beigetragen. Dieses Kapitel hat einige Beispiele für solche Unterschiede vorgestellt. Die historisch-kritische Forschung hat die starke Hoffnung auf Überwindung dieser Unterschiede geweckt, weil sie als Methode programmatisch biblische Texte in ihren jeweiligen Kontexten auslegen will, und zwar ausdrücklich oder stillschweigend in Unterscheidung von den Traditionen, in denen diese Texte seither verstanden worden sind. Dieses Zurückgehen hinter die Auslegungstraditionen auf die ursprüngliche Bedeutung der biblischen Texte verspricht, zur Einheit der Christen beizutragen.

Tatsächlich hat die ökumenische Bewegung erheblich von der historisch-kritischen Forschung profitiert. Wenn man heute einen exegetischen Kommentar liest und nichts über den Autor weiß, ist es beinahe unmöglich, seine Kirchenzugehörigkeit zu erschließen. Historisch-kritische Forschung hat Theologen und Kirchen bewusst gemacht, dass ihre jeweiligen Traditionen nicht einfach und vollständig die Bedeutung der biblischen Texte wiedergeben. Das ermöglicht und fordert ökumenische Gespräche.

Darüber hinaus hat diese Forschung gezeigt, dass man in der Bibel eine Vielzahl von Zugängen und Perspektiven finden kann. Dieses Bewusstsein eröffnet einen Raum für gegenseitige Bereicherung zwischen den Konfessionen: Denn sie können erkennen, dass die unterschiedlichen Wege, wie sie die Bibel verstanden haben, unterschiedliche Aspekte der Bibel besonders betonen können, ohne deswegen andere Aspekte ausschließen oder verwerfen zu müssen. Der Kanon der Schrift stellt selbst eine Einheit in versöhnter Verschiedenheit dar. Darum kann er auch der Suche nach einer analogen Einheit unter den kirchlichen Traditionen dienen und sie bestärken.

Andererseits tauchen Probleme auf, wenn man exegetische Einsichten systematisch und konstruktiv zur Geltung bringen möchte. Katholiken, Lutheraner, Methodisten und Reformierte leben von Traditionen, die mit exegetischen Methoden entwickelt wurden, die von den heutigen verschieden sind. Darum entstehen neue Herausforderungen, wenn man mit den neuen Methoden zeigen will, dass und wie diese Traditionen in der biblischen Botschaft begründet sind. Zwei Aspekte seien hierzu erwähnt.

Die Theologen teilten in der Vergangenheit die Voraussetzung einer grundlegenden Einheit der Bibel, und zwar so, dass sie zum Beispiel den Psalter heranziehen konnten, um den Römerbrief des Paulus auszulegen, und umgekehrt. Historisch-kritische Forschung will hingegen das spezifische Profil der einzelnen Schriften der Bibel in ihrem jeweiligen Kontext bestimmen und hat darum nicht zuerst die Einheit der Bibel im Blick.

Noch schwieriger ist das Bewusstsein der Differenz zwischen der Zeit des Historikers oder des Exegeten und der Zeit der Ereignisse, die er untersucht, oder der Texte, die er auslegt. Historisch-kritische Forschung sucht die Texte in ihren Kontexten zu verstehen, die weit in der Vergangenheit liegen. Darum wird die Frage nach der gegenwärtigen Bedeutung dieser alten Texte zu einer drängenden Frage. Im Mittelalter oder in der Reformationszeit hatten Theologen nicht das Bewusstsein eines großen Grabens zwischen ihrer Welt und der Welt der Bibel. Sie meinten, dass sie in der grundsätzlich gleichen Welt lebten wie die Menschen in der biblischen Zeit. Diese Sicht schloss das kritische Bewusstsein, dass es Entwicklungen zwischen der biblischen Zeit und ihrer eigenen Zeit gegeben habe, nicht aus. Luther war z. B. überzeugt, dass es in den Jahrhunderten vor ihm Verkehrungen der biblischen Botschaft gegeben habe, dass er aber mit ihrer Überwindung eine direkte Beziehung zu den biblischen Büchern wiederhergestellt und das rechte Verständnis des Evangeliums wiedergewonnen habe. Es sprach direkt und unmittelbar zu den Menschen seiner Zeit. Er brauchte keine großen Anstrengungen zu unternehmen, um den Graben zwischen der Zeit des Neuen Testaments und dem 16. Jahrhundert zu überbrücken. Luther konnte die Horizonte der Bibel mit den Horizonten seiner eigenen Zeit verschmelzen. Er interpretierte die Bibel im Kontext bestimmter exegetischer und lehrmäßiger Traditionen, die eine Rolle im 16. Jahrhundert spielten und die er entweder aufnahm oder verwarf. Er entwickelte neue Einsichten in die biblischen Texte, die er in kritischen, kontroversen oder auch konstruktiven Auseinandersetzungen mit den Realitäten von Kirche, Staat, Gesellschaft, Kultur und ihren Vertretern in seiner Zeit gewann. Wie Luther haben auch die anderen Theologen biblische Texte auf Gedanken, Erfahrungen und Wirklichkeiten ihrer Zeit bezogen, die wenigstens zum Teil anders waren als die Kontexte, in denen die biblischen Texte ursprünglich verfasst wurden. Von einem heutigen Standpunkt aus hat jene Verschmelzung dazu geführt, dass die Auslegung biblischer Texte sich von der ursprünglichen Bedeutung unterscheidet, jedenfalls wie sie von der heutigen Exegese verstanden wird.

Bedeutet dies, dass wir nunmehr einen großen Teil der überlieferten Auslegungen aufgeben müssen, weil sie sich von der ursprünglichen Bedeutung der Texte unterscheiden? Nein, es ist vielmehr möglich, dass heutige Leser die Auslegungen Luthers und die anderer früherer Theologen so verstehen, dass diese ein »surplus of meaning« der biblischen Texte zeigen. Es ist generell ein Merkmal herausragender Texte, dass ihre Relevanz nicht auf die Bedeutung beschränkt ist, die sie in ihrem ursprünglichen Kontext hatten. Leser haben z. B. in den Geschichten von Homers »Odyssee« Bedeutungen gefunden, an die der Autor selbst nicht gedacht haben wird. Darüber hinaus hat der »Mehrwert an Bedeutung« der biblischen Texte eine theologische Dimension. Da die Schrift das normative *Zeugnis* für das Wort Gottes ist, kann es nicht schlechthin mit diesem Wort identifiziert werden. Die Geschichte der Kirche kann in bestimmter Hinsicht als die Geschichte der Auslegung der Heiligen Schrift verstanden werden. In dieser Geschichte entfaltet die Schrift ihren Inhalt und ihre Relevanz für neue und unterschiedliche Kontexte, solange Ausleger mit ihr ringen. Die Vielfalt der konfessionellen Traditionen der Schriftauslegung kann dazu helfen, den »Mehrwert an Bedeutung« der biblischen Texte an den Tag zu bringen. In unserer Zeit sind unterschiedliche Methoden der Schriftauslegung entwickelt worden, die aus einer Vielzahl von Perspektiven heraus versuchen, verschiedene Aspekte der Bedeutung dieser Texte zu unterscheiden und zu entwickeln.

Allerdings folgt aus diesem Ansatz nicht, dass jede Interpretation und Tradition mit dem Text in Einklang steht. Es ist die Aufgabe und die Leistung der biblischen Exegese, nicht zuletzt der historisch-kritischen Methode, Bezugspunkte zu identifizieren, die man gebrauchen kann, um die Treue von Auslegungen und Traditionen in der Kirche zum biblischen Zeugnis zu überprüfen. Darum ist es ökumenisch sehr wichtig, ein gemeinsames Verständnis der biblischen Botschaft von der Gerechtigkeit Gottes und der Rechtfertigung der Menschen zu gewinnen. Die folgenden Kapitel sind der Versuch, ein solches gemeinsames Verständnis zu skizzieren.

IV. Das Alte Testament

1. Einleitung

Um die biblische Rechtfertigungslehre zu verstehen, müssen wir untersuchen, mit welchen Vorstellungen, Bildern und Erzählungen im Alten Testament von Gerechtigkeit, Rechtfertigung und ähnlichen Begriffen gesprochen wird. Dabei werden wir auf Texte stoßen, die hinsichtlich ihrer Sprache, ihrer Entstehungszeit und ihres Kontextes sehr unterschiedlich sind. Manche dieser Vorstellungen von Rechtfertigung sind allgemein bekannt, weil sie im Neuen Testament ausdrücklich aufgegriffen werden. Andere mögen uns weniger vertraut erscheinen. Aber sie können uns zu einem besseren Verständnis dessen verhelfen, was nach dem Zeugnis der ganzen Bibel zwischen Gott und den Menschen geschieht. Durch diese weite Fragestellung werden wir auch besser verstehen, was die neutestamentlichen Autoren meinten, wenn sie von Rechtfertigung und Gottes Gerechtigkeit sprachen.

Natürlich werden wir auch die Texte untersuchen, die Paulus und andere neutestamentliche Autoren benutzten. Dabei werden wir beachten, dass sie griechisch schrieben und deshalb nicht selten mit einer griechischen Übersetzung (der Septuaginta) gearbeitet haben. Wir sind uns darüber im Klaren, dass wir als christliche Theologen von einem christlichen Standpunkt aus arbeiten; es ist uns aber auch bewusst, dass wir diese Schriften mit dem Judentum teilen, und wir respektieren die Bedeutung, die sie dort haben.

Da es im Alten Testament und in seiner anschließenden Rezeption durch spätere Generationen keine alleingültige, eng gefasste Perspektive im Blick auf die Rechtfertigung gab, müssen wir versuchen, mit einer sehr weiten Perspektive zu arbeiten, und möglichst alle Traditionen berücksichtigen, die in den Schriften des Alten Testaments vertreten sind. Was können wir aus ihrem unterschiedlichen Zeugnis über Gott und über Gerechtigkeit und Rechtfertigung lernen? Von diesem Ansatz her werden wir nicht versuchen, alle Traditionen und literarischen Schichten der Geschichte des alttestamentlichen Textes zu analysieren und zu sezieren. Wir werden einen thematischen Zugang wählen, dabei aber die unterschiedlichen Situationen berücksichtigen, in die die verschiedenen Traditionen hineinsprechen.

Wir werden als Erstes die Rede von *Gottes* Gerechtigkeit in den Blick nehmen. Das ist ein Begriff, der für das Alte Testament zentral, aber – wie Röm 1,17 zeigt – auch für das paulinische Verständnis der Rechtfertigung grundlegend ist. Wir werden uns dann anschauen, was die alttestamentlichen Schriften über die Gerechtigkeit des *Volkes* Gottes sagen. Denn oft wird behauptet, dass hier im Vergleich zu Paulus oder der reformatorischen Rechtfertigungslehre ein unterschiedliches Verständnis vorliegt. Zum Schluss werden wir fragen, was das Alte Testament über das Thema der Rechtfertigung selbst sagt.

2. Gottes Gerechtigkeit

Wenn wir den alttestamentlichen Hintergrund für das christliche Verständnis von Rechtfertigung untersuchen, werden wir selbstverständlich von zentralen Texten im Buch Genesis und in den Psalmen und dem vielversprechendsten einzelnen Begriff, *ṣĕdāqāh* (meist mit *Gerechtigkeit* übersetzt), angezogen. Damit ist die Hoffnung verbunden, nicht nur den Hintergrund, sondern auch den theologischen Reichtum des Begriffs *dikaiosynē* (Gerechtigkeit) und die daraus erschlossene Lehre von Gottes Heilsplan erklären zu können. Die wichtigsten Fäden in diesem Gewebe nehmen schon im Buch Genesis Farbe und Struktur an, aber diese Fäden verlängern sich und verweben sich im Rest der hebräischen Schriften in faszinierender Weise.

a. Ein Bündel von Begriffen und das wirkliche Problem

Es wäre falsch, würden wir uns auf den einzelnen Begriff *ṣĕdāqāh* beschränken. Denn das, was unsere Erzähler ausdrücken wollen, entsteht aus sprachloser Scheu heraus auf der Suche nach sprachlichem Ausdruck und lädt uns ein, an ihrem »Angriff auf das Unsagbare«[1] teilzu-

---

[1] »A raid on the inarticulate«, Zitat aus T. S. Eliot, Four Quartets II: East Coker; in: T. S. Eliot, Collected Poems 1909–1962, New York 1963, 189.

nehmen. Während *ṣĕdāqāh* der Begriff sein mag, der am direktesten mit *dikaiosynē* verbunden ist, ist ein ganzes Bündel weiterer Begriffe mit den theologischen und auch ganz menschlichen Gegebenheiten verknüpft, die damit abgebildet werden. Zu untersuchen, wie jeder einzelne dieser Begriffe gebraucht wird, ist unter lexikographischen Gesichtspunkten interessant und unter theologischen Aspekten hilfreich. Aber wenn wir unsere Untersuchung breiter anlegen, werden wir uns an einem vielfarbigen Gewebe erfreuen, das etwas Wesentliches im Herzen Gottes und gleichzeitig auch vom Zentrum der menschlichen Existenz abbildet. Wir werden vor allem Begriffe untersuchen, die mit *ṣĕdāqāh* verbunden sind, wie z. B. *'emûnāh* (Treue), *ḥesed* (Güte, Gnade), *yāšār* (gerade, recht), *mišpāṭ* (Recht), *yešā'* (Hilfe, Heil), *'emet* (Wahrheit) und die ihnen verwandten Begriffe, wobei wir schon im Voraus einräumen müssen, dass wir wahrscheinlich einige auslassen müssen, die für die antiken Autoren von Bedeutung gewesen wären.

Wie wir diese Begriffe bündeln, entscheiden wir nicht selbst, sondern halten uns dabei an die Vorgaben der Schrift. Gewöhnlich sind die Begriffe einander in unterschiedlichen Zusammenhängen zugeordnet, sei es in den Psalmen, bei den Propheten oder in der erzählenden Literatur. Wir betrachten zunächst Dtn 32,4. Dieses vieldiskutierte »Lied des Mose« bietet mit beredten Worten einen hymnischen, bekenntnisartigen Lobgesang, der »unserem Gott« überragende Bedeutung zuschreibt.

> »Der Fels; sein Tun ist vollkommen,
> denn alle seine Wege sind Recht (*mišpāṭ*).
> Ein Gott der Treue (*'emûnāh*) und ohne Trug,
> gerecht (*ṣaddîq*) und gerade (*yāšār*) ist er!«

Der triumphale Überschwang solchen Lobpreises aber wird beeinträchtigt, beschmutzt und versinkt im Jammer, weil die erbärmliche menschliche Reaktion darauf lautstark den Lobpreis übertönt, der die viel angemessenere Antwort wäre:

> »Sie haben ihn schändlich behandelt,
> sie sind nicht länger seine Kinder wegen ihres Makels,
> sie sind ein verkehrtes und verdrehtes Geschlecht.« (Dtn 32,5)

Es scheint die immerwährende Hiobsbotschaft zu sein, dass Gottes *ṣĕdāqāh*, *'emûnāh*, *ḥesed*, *yāšār*, und *mišpāṭ*, die er nicht nur selbst besitzt, sondern auch in Fülle ausgießt, immer auf menschliche Dummheit, Ablehnung und Verfälschung stoßen.

Dieser Gegensatz ist das Problem. In gewisser Weise geht es im gesamten Alten Testament darum, genau dieses Dilemma zu beseitigen, in dem wir (und auch Gott!) uns vorfinden. Es gibt die Wahrheit über Gott, jenen Traum, jene Hoffnung, jene überbordende Güte, die wir von Zeit zu Zeit von hier unten erspähen. Aber allzu oft, und zwar fortwährend und auf tragische Weise, findet Gottes Sache nicht die Nachahmung, den Widerhall und die Verkörperung im Leben der Gemeinschaft und der Welt, wie Gott sich das wünschen würde und wie die Menschen es so verzweifelt nötig hätten.

Die Grundlage der Gerechtigkeit und die Hoffnung auf sie liegen im Wesen Gottes begründet. Gerechtigkeit beginnt schon in der Schöpfung, und die Pracht der Schöpfung ist das beste Abbild des Herzens Gottes. Die Schöpfung selbst verkündet Gottes *ṣedeq* (Ps 97,6). Ps 36,6f. zeigt ein ganzes Bündel von Begriffen, die Gottes schöpferische Kraft und Güte kennzeichnen.

> »Deine Güte (*ḥesed*), HERR, reicht bis in die Himmel,
> deine Treue (*'emûnāh*) bis zu den Wolken.
> Deine Gerechtigkeit (*ṣĕdāqāh*) ist wie die mächtigen Berge,
> deine Gerichte (*mišpāṭ*) sind wie die große Tiefe.
> Du hilfst (*yāšā'*) Menschen und Tieren gleichermaßen, HERR.«

Gottes Gerechtigkeit hat eine kosmische Dimension. Dass Gott die Welt erschaffen hat und sie erhält, ist ebenfalls Ausdruck seiner Gerechtigkeit. Was der Gemeinschaft der Menschen Ordnung und Sicherheit verleiht, das gibt auch der natürlichen Welt Bestand und Gedeihen. Ps 33,4–6 begründet seinen Aufruf, Gott zu loben, folgendermaßen:

> »Denn das Wort des HERRN ist gerecht
> und all sein Tun geschieht in Treue.
> Er liebt Gerechtigkeit und Recht,
> die Erde ist voll der Güte des HERRN.
> Durch das Wort des HERRN sind die Himmel gemacht
> und ihr ganzes Heer durch den Hauch seines Mundes.«

Gerechtigkeit meint also die heilsame »Weltordnung«, die kosmische, politische, religiöse, soziale und ethische Aspekte in sich vereinigt. Das war nicht nur eine Konzeption des alten Israels. Sie umfasst Elemente antiker vorderorientalischer Vorstellungen, insbesondere Charakterzüge der »Ma'at«, der ägyptischen Göttin für Weisheit und Ordnung. Aber obwohl Gerechtigkeit – ebenso wie Frieden, Treue oder Gnade – manchmal fast wie eine eigenständige Wesenheit erscheint, bleibt sie doch ein integraler Teil dessen, was als Wesen des einen Gottes Israels gesehen wird. Das beste Beispiel dafür ist Ps 85,10–14:

> »Fürwahr, nahe ist sein Heil denen, die ihn fürchten,
> damit seine Herrlichkeit wohne in unserem Land.
> Gnade und Treue werden sich begegnen,
> Gerechtigkeit und Frieden werden einander küssen.
> Treue wird aus der Erde sprossen,
> Gerechtigkeit vom Himmel hernieder schauen.
> Der HERR wird geben, was gut ist, und unser Land wird seinen Ertrag bringen.
> Gerechtigkeit wird vor ihm hergehen, und wird einen Weg für seine Schritte bahnen.«

Hier sind nicht nur Erschaffung und Erhaltung der Welt Ausdruck seiner gerechten Taten, sondern auch Fruchtbarkeit und Wohlstand (vgl. auch Ps 65,6–14; 72,16; Hos 2,20–25).

Dieses Verständnis des »kosmischen« Aspekts der Gerechtigkeit Gottes ist unlöslich mit Gottes Sorge für soziale Gerechtigkeit verbunden. Vom König als dem Repräsentanten Gottes wird erwartet, dass er Gottes Gerechtigkeit für sein Volk vermittelt. Deshalb betet Ps 72,1–4:

> »Gott, gib dein Recht dem König
> und deine Gerechtigkeit dem Königssohn.
> Er möge dein Volk richten in Gerechtigkeit
> und deine Elenden nach dem Recht.
> Die Berge mögen Wohlstand erbringen für das Volk
> und die Hügel, in Gerechtigkeit.
> Er möge Recht schaffen den Elenden des Volkes,
> er schenke Befreiung den Armen und zermalme die Unterdrücker.«

All diese Wunder sind keine mystischen Geheimnisse, sondern werden laut verkündigt:

»Der HERR hat sein Heil (*yešā'*) kundgetan;
vor den Augen der Völker hat er seine Gerechtigkeit (*ṣĕdāqāh*) offenbart.
Er gedachte seiner Güte (*ḥesed*) und seiner Treue (*'emûnāh*).« (Ps 98,2f.)

Viele andere Psalmen bieten unterschiedliche Kombinationen dieser Begriffe (Ps 143,1–12; 145,7–9; 146,5–7), und wer betete, freute sich, diese rettende und gnädige Gesinnung Gottes zu rühmen:

»Ich habe die frohe Botschaft von der Errettung (*ṣedeq*) verkündet in großer Versammlung; ...
ich habe deine rettende Hilfe (*ṣĕdāqāh*) nicht verborgen in meinem Herzen;
ich habe von deiner Treue (*'emûnāh*) und deiner Heilshilfe (*yešā'*) gesprochen;
ich habe deine Güte (*ḥesed*) nicht verschwiegen ...« (Ps 40,10f.)

Ja, eine der Nöte, die der Tod bereitet, ist die Unfähigkeit, dann Gottes Güte, Treue und rettende Hilfe zu verkündigen (Ps 88,12f.).

b. Gerechtigkeit als Beziehungsbegriff

Gerechtigkeit mag zunächst wie ein absoluter Maßstab für das *Rechtsein* klingen. Aber die zitierten Texte unterstreichen, was fast alle größeren Studien gezeigt haben: Gerechtigkeit ist primär ein Beziehungsbegriff. So gut wie keiner der Texte besagt, dass Gottes Gerechtigkeit strafend oder forensisch sei. Gottes gnädige und großzügige Beziehung zu den Menschen, das ist die Gerechtigkeit Gottes. Und der relationale Charakter von Gerechtigkeit ist nicht auf Gott beschränkt: Er muss in Beziehungen zwischen Menschen, denen Gottes Gerechtigkeit zugute kommt, nachgeahmt und verkörpert werden. Dieser Schnittpunkt von vertikaler und horizontaler Dimension, von göttlicher und sozialer Gerechtigkeit macht das gesegnete Leben des Volkes Israel aus.

Wörter wie Sünde und Schuld sind gewöhnlich mit einer anderen Begrifflichkeit verbunden, zum Beispiel *nāqām* (rächen), *kālāh* (zugrunde gehen), oder *pāqad* (heimsuchen). Gerechtigkeit ist dagegen mit *yešā'*, der rettenden Gabe der Befreiung, verbunden (Jes 45,8; 51,5–7; 63,1; Ps 65,6; 71,2; Sach 9,9). Dabei sagt *ṣĕdāqāh* zunächst etwas über Gott aus, und zwar nicht nur darüber, was Gott ist, sondern auch darüber, was er bewirkt und wozu er sich verpflichtet in der Hoffnung, dass die, die durch seine *ṣĕdāqāh* wiederhergestellt und gerettet werden, diese dann selbstverständlich nachahmen und in ihrem Leben verkörpern. Das zeigt sich vielleicht besonders schön durch die ungewöhnliche Verwendung des Wortes im Plural in 1Sam 12,7 und Ri 5,11, wo *ṣĕdeqôt* so etwas wie *rettende Taten* bedeuten, für die das Volk Gott preist. Gerechtigkeit mag hier als die Bereitschaft Gottes bezeichnet werden, einzugreifen und zur rechten Zeit zur Stelle zu sein, um wiederherzustellen, in Stand zu setzen und Frieden zu schaffen. Was in Ri 5,11 und 1Sam 12,7 so eindrücklich gerühmt und verkündet wird, sind Interventionen, die möglich machten, was auf andere Weise nicht möglich gewesen wäre. Wenn wir die Rechtfertigungslehre im Blick haben, mögen wir zu Recht von diesen beziehungsreichen Nuancen der *ṣĕdāqāh* aufgeschreckt werden: Es geht um Gott, um Gottes rettende Taten, also gerade nicht um Leistung als Grund für die Erwählung des Volks, sondern um eine heilsame Realität, die im Leben des Volks spürbar wird trotz des offensichtlichen Versagens in der Aufgabe, die *ṣĕdāqāh* widerzuspiegeln, und die es umso dringlicher macht, ein Leben zu führen, das als *ṣaddîq* gilt.

Auch die Unterscheidung zwischen *ṣedeq* und *ṣĕdāqāh* ist wichtig: *Ṣedeq* vermittelt die Bedeutung der abstrakten richtigen Ordnung des Universums, der Vorsehung und des Weltregiments sowie des heilvollen und rechtfertigenden Handelns Gottes zugunsten seines Volkes. Es kennzeichnet die feste Ordnung, die hergestellt ist und eingehalten werden muss. Insbesondere Könige und Richter müssen *ṣedeq* gemäß handeln (Ps 45,8; Spr 31,9). Zion und sein König können in der Vision Jeremias vom neuen Jerusalem beide »der Herr, unsere Gerechtigkeit« genannt werden (Jer 23,6; 33,16). Die Grundbedeutung einer Ordnung, die Gottes Absicht treu bewahrt, wird durch Ps 35,24 zusammengefasst: »Schaffe mir Recht, HERR, mein Gott, nach deiner Gerechtigkeit (*ṣĕdāqāh*)«. Das (grammatikalisch) weibliche Nomen *ṣĕdāqāh* scheint auf spezielle Handlungen von *ṣedeq* in Aktion zu verweisen. Es benennt oft Gottes heilvolles Eingreifen für sein Volk oder Gottes Handeln, um seine gerechte Herrschaft über die Welt aufrechtzuerhalten (vgl. Dtn 6,25; Jes 54,17; Ps 103,6). Gott verleiht *ṣĕdāqāh* auch an Einzelne wie an Abraham in Gen 15,6 oder Pinhas in Ps 106,31, weil Gott ihnen eine Verheißung gegeben hat, an die sie glaubten.

Gerechtigkeit zielt auf Beziehung, das gilt nicht nur auf Gottes Seite, sondern auch zwischen Menschen. Gott will, dass seine auf Beziehung ausgerichtete Gerechtigkeit sich auch im Leben der Menschen widerspiegelt. Auch Menschen üben *ṣĕdāqāh*, weil sie die richtige Beziehung zu Gott aufrechterhalten wollen. Mindestens zwanzig Mal wird der Ausdruck »Gerechtigkeit (und Recht) üben« verwendet. Deshalb ist der primäre Unterschied zwischen *ṣedeq* und *ṣĕdāqāh*, dass der erste Begriff vor allem für die göttliche Ordnung und Absicht gebraucht wird, während der zweite die Aktivität des Tuns dessen betont, was *ṣedeq* ist.

Wir können diese Dynamik der Beziehung an den Zehn Geboten sehen, die eine wichtige Zusammenfassung für Gottes Weisung an Israel bieten. Die ersten Gebote sagen aus, was es bedeutet, Gott von ganzem Herzen zu lieben. Die anderen Gebote beschreiben die Verantwortung von Gottes Volk im gegenseitigen Miteinander. Nach der Erzählung des Pentateuchs wurde die gesamte Tora gegeben, nachdem Gott das Volk aus Ägypten befreit hatte. Das »Gesetz« war nicht das Mittel für die göttliche Befreiung. Vielmehr war es das Ergebnis von Gottes rettendem Handeln. Deshalb bieten die Gebote eine Anleitung, wie Israel am besten ein Leben mit der Lebensqualität, die Gott ihm zugedacht hat, führen und in der Beziehung zu Gott und untereinander gedeihen kann, und das können wir »Gerechtigkeit« nennen.

c. Verwandte Begriffe – Treue, Güte, Aufrichtigkeit und Recht

In unseren Texten stellen wir fest, dass *ṣĕdāqāh* viele Begleiter hat, wie z.B. *'emûnāh* (Treue), *ḥesed* (Güte), *yōšer* (Aufrichtigkeit), und *mišpāṭ* (Recht), die alle für ein ganzheitliches Verständnis von Rechtfertigung beachtet werden müssen. So ist *'emûnāh* (Treue) etwas, was Gott *hat* und was dem Volk *fehlt* (Dtn 32,20). Doch wenn Menschen in Treue (*'emûnāh*) handeln, dann winkt ihnen große »Belohnung« wie in 1Sam 26,23. In Ex 21, häufig in Leviticus und anderen Rechtstexten, aber auch in Erzählungen (1Sam 30,25) bedeutet *mišpāṭ* eine Rechtsordnung, etwas, was Gott fordert. Die Einleitung zum *Shᵉma* verwendet den Plural *mišpāṭîm*, die Lehren, die Gott Mose formulieren ließ, damit das Volk das Land besitzen und Leben haben sollte. Der Plural wird auch oft benutzt, wenn auf Sammlungen der »Rechtsordnungen« Gottes verwiesen wird (Ex 21,1; Dtn 4,1; 5,1).

Auch die Propheten Israels greifen auf diese Auffassung von Recht und Gerechtigkeit als Treue gegenüber den Satzungen Gottes zurück. Eine Person ist treu gegenüber Gott, wenn sie gerechte und angemessene Beziehungen lebt und praktiziert (Hab 2,4). Israels Untreue dagegen führte zu Ungerechtigkeit und macht einen neuen Bund nötig (Hos 2,20–25; Jes 9,6; 11,4–9; 16,5). Aber gleichzeitig hört Gott nicht auf, Israel durch die Erleuchtung treuer Propheten zu einem gerechten und rechtschaffenen Lebenswandel zu rufen. Es geht nicht um irgendwelche willkürlich gegebenen Gesetze, sondern um etwas sehr viel Persönlicheres, nämlich die Bedingungen für eine persönliche Beziehung, denn »alle Wege Gottes sind *mišpāṭ*« (Dtn 32,4).

Menschliche Verwalter sind beauftragt diesen *mišpāṭ*, der eigentlich Gott gehört, weiterzugeben. Die Menschen kamen zu Deborah, als sie unter der Palme saß, um von ihr *mišpāṭ* zu erbitten (Ri 4,5). Dieser *mišpāṭ* war so hochgeschätzt, dass es Absalom, als die Leute zu ihm kamen, um danach zu fragen, gelang, »ihre Herzen zu stehlen« (2Sam 15,2-6). Das Versagen bei der Aufgabe, *mišpāṭ* weiterzugeben, war besonders verabscheuungswürdig; Samuels Söhne z.B. »gingen nicht auf seinen Wegen, sondern waren hinter dem Gewinn her, nahmen Bestechungsgeschenke an und beugten *mišpāṭ*« (1Sam 8,3).

In gewisser Hinsicht schließt *mišpāṭ* Zurückhaltung in Sachen »Gewinn« ein. Ein ununterbrochener Chor von Stimmen setzt hohe Ziele für Israel: Rechtsprechung kann nicht ungerecht oder parteiisch oder willfährig für die Reichen sein (Lev 19,15; Dtn 1,17; 16,19). Schockierenderweise gibt es für Israel und für den Fremden nur einen einzigen *mišpāṭ* (Lev 24,22; Num 15,16); Kleine und Große werden in gleicher Weise vor Gericht gehört. Die Parteilichkeit zugunsten der Besitzenden ist auf den Kopf gestellt; die Habenichtse mögen sonst nichts haben, aber sie werden *mišpāṭ* haben. *Mišpāṭ* inspiriert dazu, sich nicht mit weniger zufrieden zu geben als mit einem radikalen Ausgleich und dem unbequemen Abbau von Privilegien für die, die gewitzt genug sind, das Rennen zu machen. Eine solche Regelung entspringt nicht einem großzügigen Bemühen um Fairness und Gleichheit; vielmehr spiegelt diese Art des *mišpāṭ* einfach das Herz und die Denkweise Gottes wider. *Mišpāṭ* zu halten, gibt dem Volk Leben (Dtn 4,1).

Dieses ganze Anliegen ist auch für die Anklagen der frühen Propheten zentral. Sie tadeln Gottes Volk dafür, dass *mišpāṭ* und *ṣĕdāqāh* nicht länger in seiner Mitte gefunden werden und deshalb die Armen, die Waisen und die Witwen unter Ausbeutung und Marginalisierung leiden. Im Buch Jesaja wird Recht als Geschenk Gottes gesehen (Jes 1,27; 45,8), das in einer gerechten Lebensführung sichtbar wird (Jes 1,17; 58,2-14). Amos macht die Abwesenheit des Rechts zum Zentrum seiner prophetischen Anklage gegen Israel (Am 5,7; 6,12). Die anderen Propheten schlossen sich ihm an und brandmarkten Unrecht gegen Mitmenschen als krasse Form des Unglaubens und des Götzendienstes. Die Führer des Volkes begünstigten die Unterdrückung der Armen im Land und beteiligten sich an ihr. Auch wenn sie den Bund mit Gott nicht offen verwarfen oder ablehnten, waren sie doch untreu gegenüber Gott. Sie handelten wie andere Völker, die Göttern nachfolgten, die menschliche Opfer forderten, um ihren Zorn zu stillen.

Amos betont Gottes sittliches Regiment über die ganze Welt, die göttliche Forderung nach Recht und sein Eintreten für die Armen und Unterdrückten. Er bringt das Unrecht, das er um sich her sieht, in Zusammenhang mit dem Zustand einer Gesellschaft, die ganz auf Reichtum und Wohlstand ausgerichtet ist und vergisst, was es wirklich heißt, Gott zu dienen. Unterdrückung der Armen ist ein untrügliches Zeichen für böswillige Gesinnung und eine Beleidigung Gottes. Gott ist der Beschützer der Armen und hält treu zu denen, die eine faire Behandlung nötig haben. Die Propheten warnen unmissverständlich, dass eine gute Beziehung zu Gott nicht möglich ist, wenn Mitmenschen ungerecht behandelt werden (Hos 10,4.11–15; 12,7f.; Am 2,6; 5,11; Jes 5,23; Mi 6,11f.). Das ist auch der Grund, warum Gott alle unaufrichtigen Gottesdienste und Opfer und alle heuchlerische Verehrung zurückweist: Es fehlt der faire Umgang mit den Mitmenschen. Hosea konnte die Wirkung des Abfalls von Gott auf die Moral der Gesellschaft beobachten, da Unrecht und Unehrlichkeit überhandnahmen, und deshalb betonte er die Notwendigkeit, die Gebote Jahwes zu erfüllen.

Am Vorabend der Deportation des Volkes durch die Babylonier sahen die Propheten Jeremia und Ezechiel das Recht ganz aus der Perspektive der Treue zu Gott (Jer 3,11; 5,3–5; 22,3; Ez 16,51). Obwohl das Volk in die Gefangenschaft geführt wurde, bewahrt Gott, der treu zu seinem Bund steht, einen Rest derer, die treu geblieben sind. Die prophetischen Worte, die das Volk dazu aufrufen, zu Gott zurückzukehren und den Bund mit ihm zu erneuern, machen deutlich, dass Umkehr nötig ist. Diese Rückkehr zu Gott hat das Ziel, Gottes Recht aufzurichten. Umkehr wird deshalb zum Weg, in eine gerechte Beziehung mit Gott zurückzukehren. Umkehr macht Recht zum persönlichen Anliegen und das Aufrichten des Rechts zur eigenen Sache (Jer 4,1f.; Zeph 2,3; Ez 14,14; 18,5–9.14–17.20; Hab 2,4).

Diese Texte zeigen im Blick auf das Recht, dass Gott eine deutliche Vorliebe dafür hat, die Habenichtse zu erhöhen. Während Israel ermutigt wird, sich gegenüber den Habenichtsen anständig zu verhalten, entdecken die Israeliten zugleich, dass sie in Wirklichkeit selbst Habenichtse sind. Sie brauchen nicht nur so etwas wie Erbarmen, sondern eine sachgemäßere Art des Rechts, einen *mišpāṭ*, durch den Gott erfreulicherweise

Privilegien abbaut, aber auch Menschen aufrichtet. So wird Gottes Vision einer besonderen Art von Gemeinschaft zur Sprache gebracht und verkörpert. Geht es also bei der Rechtfertigung nicht auch um den Abbau von Privilegien und um neue Wertschätzung, also um ein Geschenk, das Menschen nach Gottes Willen einfach haben müssen?

Ein vielversprechender Begriff in der Diskussion um »Gerechtigkeit« ist *ḥesed*. Das Wort, das so etwas wie »beständige Bundestreue« bedeutet, wird im Pentateuch nicht oft verwendet und auch nicht viel häufiger im deuteronomistischen Geschichtswerk. In Ex 34,6 (wie in Num 14,18) begegnen wir *ḥesed* als wichtigem Bestandteil fest formulierter Bekenntnistexte Israels; *ḥesed* beschreibt geradezu die wahre Natur Gottes und wird oft mit Vergebung und Barmherzigkeit verbunden. In 2Sam 7,15 spricht Gott ausdrücklich von »meiner Gnade« (*ḥesedî*). *Ḥesed* ist das Mittel, mit dem Gott das Volk aus der Sklaverei herausführt (Ex 15,13). Gott »erweist« (*'āśāh*) oder »hält« (*nāṣar* oder *šamar*) sie. *Ḥesed* ist eine Verpflichtung in Gott selbst, aber von der Art, dass sie auch zu Gottes Volk hinausströmt (Ex 20,6; 34,7; Dtn 5,10; 7,9.12; 1Kön 8,23).

Auf der anderen Seite ist *ḥesed* das, was Gott von seinem Volk erwartet, und zwar viel mehr erwartet als Opfer und Brandopfer: die tiefe und zärtliche Liebe des Volkes als Antwort auf die Liebe, die Gott ihm erzeigt hat (Hos 6,6; vgl. 4,1).

Als Beziehungsbegriff, der durch und durch mit persönlicher und emotionaler Bedeutung befrachtet ist, charakterisiert *ḥesed* eine besonders intime Freundschaft (2Sam 16,17). Politische Nuancen gehören zwangsläufig auch dazu, da es in der deuteronomistischen Geschichtserzählung so oft um Rivalitäten und Gruppeninteressen geht (2Sam 3,8; 9,1.7; 10,2; 1Kön 2,7). Sehr aufschlussreich für das Verständnis von *ḥesed* ist, was geschieht, wenn ein Krieger »freundlich« mit dem Besiegten umgeht. Rahab fleht um *ḥesed*, und in Ri 1,24; 1Sam 15,6; 20,8.14 sowie 2Sam 2,5 begegnet uns *ḥesed* als barmherziger Umgang mit denen, die in bedrängter Zeit schutzlos dastehen. Zurückhaltung beim Töten verwandelt sich in Gesten der Freundlichkeit und Gastfreundschaft (2Sam 2,5; 3,8; 9,1), insbesondere im Fall der Güte Davids gegenüber Mephibosheth. Diese Art von barmherziger, unverdienter und doch dringend benötigter Gastfreundschaft zeigt sehr schön, was Empfänger von *ḥesed* erwarten dürften; dann würden alle »zu Recht« gebracht (*yāšār*) und *ṣědāqāh* würde aufdämmern. Könnte das unerwartete Überleben und das gesegnete Leben von Mephibosheth nicht ein erzählerisches Bild für Rechtfertigung sein?

Vielleicht am interessantesten ist *yāšār*, das »gerade, eben, recht« bedeutet. Wenn Jahwe *yāšār* ist, dann findet diese »Rechtheit« ihren Wiederhall in der menschlichen Existenz. Die Kühe, die die Bundeslade zogen, gingen »geradewegs« nach Beth Shemesh und wichen weder nach rechts noch links ab (1Sam 6,12). Die Gibeoniten sagen zu Josua, er möge tun, was in seinen Augen ihnen gegenüber »recht« ist (Jos 9,25); Samuel belehrt das Volk darüber, was gut und »recht« ist (1Sam 12,23). Jehonadab und Jehu sind sich einig, dass ihre Herzen *yāšār* (»aufrichtig« oder »loyal«) gegenüber einander sind (2Kön 10,15). Der Gebrauch des Wortes für menschliche Beziehungen gibt ihm warme Töne: Die Neuigkeit, dass Michal David liebte, war Saul »recht« (1Sam 18,20), so wie es auch David »recht« war, Sauls Schwiegersohn zu werden (1Sam 18,26).

Wenn der Herr *yāšār* ist und *yōšer* (»Geradheit«) ein lebenswichtiger Aspekt menschlicher Existenz ist, dann müssen wir auch danach fragen, was *yāšār* für die Beziehung zwischen Gott und dem Volk bedeutet. Als Bedingung formulierte Aussagen wie in Ex 15,26; Dtn 6,18; 12,25; 13,18; 1Kön 11,33; 14,8 (»wenn du tust, was *yāšār* ist in Gottes Augen, wirst du Unglück vermeiden, das Land besitzen oder das Reich behalten«) werden zum kontrastierenden Hintergrund für das, was Gottes Barmherzigkeit tut: Ahas und eine ganze Galerie abtrünniger Könige versagten bei der Aufgabe, zu tun, was in Gottes Augen *yāšār* ist; Israel aber durfte immer auf die Zeit seines Ursprungs zurückblicken, als galt: »nicht wegen der Aufrichtigkeit (*yōšer*) deines Herzens warst du in der Lage, das Land in Besitz zu nehmen« (Dtn 9,5). Wenn dann allerdings in einzelnen Fällen ein König doch das Niveau von *yōšer* erreicht (Hiskia; Josia), dann wird dessen Regierung weniger als Heldentat gefeiert; denn was hier geschah, war eher Hilfe aus der Not bzw. Verwirklichung von etwas, das jenseits menschlicher Möglichkeit liegt: In jenen Tagen war Gottes Güte wieder aufgegangen. Dabei ist hier ein gewisses Paradox im Spiel: Während Dtn 9,5 sagen kann, dass es nicht aufgrund von *yōšer* war, dass das Land in Besitz genommen wurde, erfordert Dtn 6,18 ganz eindeutig *yōšer*, um das Land zu besitzen. Hintergrund für dieses Paradox ist eine Entwicklung, die sich bei der Entstehung des Deuteronomiums beobachten lässt: Es wird mehr und mehr auf Gottes bedingungslose Gnade hingewiesen, was dieses Buch zu einem eigenständigen Zeugen für eine alttestamentliche Version der Botschaft von der Rechtfertigung macht.

Wenn wir das Deuteronomium noch etwas tiefer erforschen, entdecken wir, dass *yōšer* keine unabhängige Größe ist, kein Besitz, den man hat oder tut (oder auch *nicht* hat oder tut). Die Befreiung von Schuld erwächst daraus, dass man tut, was in *Gottes* Augen *yāšār* ist (Dtn 21,9). Wenn Menschen tun, was in ihren *eigenen* Augen *yāšār* ist, bricht die Katastrophe herein. Tatsächlich waren die dunkelsten Zeiten in Israels Geschichte nicht die, in denen die Herzen der Menschen auf Bosheit aus waren, sondern immer die, wenn sie auf das aus waren, was *yāšār* in ihren eigenen Augen war (Ri 17,6). Der allerletzte Satz im Buch der Richter macht exakt diese bedrückende Feststellung: »Jeder tat, was *yāšār* in seinen eigenen Augen war.« (Ri 21,25). *Yōšer* hat also keinen unabhängigen Inhalt, sondern einen Urheber, einen persönlichen Treuhänder – aber was gewöhnlich geschieht, ist, dass der göttliche *yōšer* von den Menschen auf perverse Weise verdreht wird, die dann voll Stolz ihren eigenen *yōšer* herumzeigen, der eine bloße Parodie von Gottes *yōšer* ist. Diese Besonderheit im deuteronomistischen Gebrauch von *yōšer* könnte eine hilfreiche Anregung zur Erforschung dessen sein, worauf Paulus – und dann die Christenheit – mit der Lehre von der Rechtfertigung hingewiesen hat: Vieles von dem, was menschliche Güte zu sein scheint, mag nichts anderes sein als eine Parodie dessen, was Gott wirklich verlangt.

Spr 12,15 lässt eine ähnliche Warnung laut werden: »Der Weg des Toren scheint recht in seinen eigenen Augen, aber ein Weiser hört auf Rat.«. Und Kohelet rät seiner Zuhörerschaft nicht allzu weise zu sein und sich nicht allzu gerecht zu machen (Koh 7,16). Absolute Gerechtigkeit steht allein Gott zu. Wirkliche Gerechtigkeit auf Seiten der Menschen hat ihre Quelle immer in Gott.

In diesen Überlegungen zu *ṣedeq*, *'emûnāh*, *ḥesed*, *yāšār* und *mišpāṭ* können wir so etwas wie eine Melodie erkennen, die sich aus den verschiedenen Tönen ergibt, die hier erklingen. Gottes Wesen, wie es in Dtn 32,4 gepriesen wird, sollte die Wirklichkeit des menschlichen Lebens nähren und entfachen, und zwar unser Leben mit Gott und unser Leben miteinander. Doch mit unerbittlichem Eifer tut Gottes Volk das, was in seinen eigenen Augen recht ist, und das führt zu Ungerechtigkeit und zum Zerfall der eigenen Vitalität, weil sich die Menschen selbst von Gottes Wegen abschneiden. Aber Gott lässt nicht einfach Feuer auf sie fallen oder gibt sie auf, sondern hält ebenso unermüdlich an der Absicht fest, sein Volk zurückzubringen und auf den Tag (oder wenigstens flüchtige Ausblicke auf ihn) hinzudrängen, an dem seine Wege auf dieser Erde verwirklicht werden. Dazu wird Gott nicht durch menschliche Tugend gebracht; es ist nichts als Güte, die verlässliche Beständigkeit im Herzen Gottes, die Hoffnung schenkt.

3. Die Gerechtigkeit des Volkes Gottes

a. Menschliche Fähigkeit und Unfähigkeit

Im gesamten Alten Testament erspüren wir die aufrichtige Erwartung, dass Menschen die Fähigkeit haben, das zu tun, was Gott fordert. Die Erwartungen sind hoch, sollen aber nicht entmutigen. Beim Eintritt in den Tempel wird Gottesdienstteilnehmern gesagt, dass diejenigen, die reine Hände und lautere Herzen haben, Gerechtigkeit (*ṣĕdāqāh*) empfangen werden. Es muss also möglich sein, reine Hände und lautere Herzen zu haben (Ps 24,5). In vielen Psalmen rufen Menschen zu Gott, die ihre Unschuld beteuern und Gott eindringlich bitten, diejenigen zu rechtfertigen, die unschuldig sind, und dabei darauf vertrauen, dass er so handeln wird. Ps 37,5f. fordert auf: »Befiehl dem HERRN deinen Weg und vertraue auf ihn, so wird er handeln. Er wird deine Gerechtigkeit (*ṣedeq*) aufgehen lassen wie das Licht und dein Recht (*mišpāṭ*) wie den Mittag«. Solche Unschuldserklärungen beanspruchen in der Tat, entweder im Blick auf sich selbst oder als Zeugnis für einen anderen, gerecht zu sein, bitten aber zugleich um die göttliche Bestätigung dieser Gerechtigkeit. Juda erklärt, dass Tamar »gerechter ist als er« (*ṣādĕqāh mimeni*; Gen 38,26), und dadurch ist das Stigma ihres Fehlverhaltens aufgehoben.

Eine andere Ansammlung solcher Begriffe, durch die nicht etwa Gottes innerstes Wesen gepriesen wird, sondern die Tugenden eines Angehörigen des Volkes Gottes hervorgehoben werden, findet sich in 1Kön 3,6:

> »Und Salomo sagte: Du hast an deinem Knecht David, meinem Vater, große Gnade (*ḥesed*) erwiesen, weil er vor dir in Treue (*be'ĕmet*), in Gerechtigkeit (*beṣĕdāqāh*) und in Aufrichtigkeit (*bĕyišĕrat*) des Herzens gegen dich gelebt hat; und du hast ihm diese große Gnade (*ḥesed*) bewahrt.«

Zugegeben, hier ist auch einiges an pompöser Prahlerei im Spiel; aber das Alte Testament hält doch beharrlich an einem gewissen Optimismus im Blick auf die Möglichkeit fest, dass Menschen in Treue verantwortlich vor Gott leben.

Doch die generelle Prognose ist in der Tat düster (Ijob 32,1f.), und ziemlich oft vertritt das Alte Testament eine dunkle Sicht von der menschlichen Natur und stellt die krasse Unfähigkeit der Menschen heraus, die Gerechtigkeit zu leben, die Gott ist und gibt. Die bedrückende Feststellung Kohelets, »Denn kein Mensch auf Erden ist gerecht ...« (Koh 7,20), findet ihr Echo in der Fülle negativer Beurteilungen von Königen und Volk in der deuteronomistischen Geschichtsschreibung und in den Klagen der Psalmen, wir seien vor Gott nur ein Wurm und es gelte: »Ich wurde in Schuld geboren und war ein Sünder, als mich meine Mutter empfing.« (Ps 51,7).

Wir haben also ein zwiespältiges Bild im Alten Testament. Einerseits rufen in vielen Psalmen Menschen zu Gott, die ihre Unschuld beteuern und Gott eindringlich bitten, die zu rechtfertigen, die unschuldig sind, im Vertrauen darauf, dass er so handeln wird (Ps 37,5). Menschen, die so beten, würden nicht behaupten, dass ihre Gerechtigkeit vollständig mit dem Willen Gottes übereinstimmt. Aber angesichts der Anklagen derer, die sie zu Unrecht anklagen, berufen sie sich auf ihre Unschuld.

Andererseits gibt es Psalmen, die denen die Stimme leihen, die bekennen müssen: »Wenn du, Herr, Sünden anrechnen wolltest, Herr, wer könnte dann bestehen?« (Ps 130,3; vgl. 51,3-14). Doch bemerkenswert ist, dass sich beide, diejenigen, die sich gerecht nennen, und diejenigen, die sich als Sünder sehen, auf Gottes Gerechtigkeit berufen (vgl. Ps 31,1; 35,23f. mit 40,10-14; 143,1f.), weil sie nichts sonst haben, worauf sie sich verlassen könnten.

b. Mittler der Gerechtigkeit

Grundsätzlich ist es das Volk, das all diese Vorgaben, wie Gerechtigkeit, Treue, Güte, Aufrichtigkeit und Recht, verkörpern soll. Nichtsdestoweniger gibt es einige Schlüsselpersonen, die als Führer des Volkes eine besondere Verantwortung tragen; sie sollen Hebammen für die Gerechtigkeit sein und Haushalter, verantwortlich für die praktischen Folgerungen, die sich aus solch einem umfassenden Leben der Gerechtigkeit ergeben. Gott hat Priester, Propheten, Richter, ja sogar Könige und Weise eingesetzt, um die ungeschminkten Wahrheiten und die subtilen Nuancen der Gerechtigkeit zu benennen, die Verwirklichung einer gerechten Gesellschaft voranzutreiben, aber auch voll Erbarmen all das bereitzustellen, was für eine Erneuerung nötig ist, also für das, was wir Rechtfertigung der Ungerechten nennen.

Das überrascht nicht. Wir haben gesehen, dass die Menschen zwar grundsätzlich in der Lage sind zu erfüllen, was Gott verlangt, aber gleichzeitig und bedauerlicherweise unfähig zu beständiger Gerechtigkeit. Darum verstehen wir die Notwendigkeit der Anleitung durch gerechte Anführer, aber auch die schmerzliche Enttäuschung angesichts ihrer Schwächen, die diejenigen des einfachen Volkes sogar noch zu übertreffen scheinen.

Bei den *Richtern* unterstreicht schon der Titel *šōpĕtîm* die tiefe Verantwortung für *mišpāṭ*. Wie wir sahen, saß Deborah unter einer Palme und das Volk kam zu ihr, um *mišpāṭ* zu holen (Ri 4,5). Selbst die *šōpĕtîm*, die Kriegshelden waren, wurden teilweise zu ihren Aktionen gedrängt, weil es an *mišpāṭ* fehlte. Bei der Aufgabe, *mišpāṭ* zu schaffen, zu versagen, war verhängnisvoll, wie das Beispiel der Söhne Samuels zeigt (1Sam 8,3).

Die *Priester* waren in gewisser Weise die wichtigsten Vermittler von Gerechtigkeit, und zwar durch die Verkündigung und die Verwaltung der Opfer, durch welche Rechtfertigung möglich gemacht wurde. Priester dienten auch als Richter. Die unterweisende und richtende Funktion des Priestertums brachte die Priester in Kontakt mit dem Volk, und zwar in ihrer Rolle als Lehrer der Tora (Weisung), des korrekten Vorgehens in religiösen und rechtlichen Angelegenheiten. Aber die Bilanz ihrer Treue ist bestenfalls zwiespältig. So erscheinen die Söhne Elis schon früh in Israels Überlieferung als Leute, die ihr Amt schamlos missbrauchen, unwürdige Männer, die entsetzlich sündigen, indem sie Opferfleisch entwenden.

Den *Königen* war selbstverständlich ein großer Handlungsspielraum in der Umsetzung von göttlichen Vorgaben, wie sie Rechtfertigung und Recht darstellen, gegeben. Die beredte Liturgie, die bei ihrer Salbung gesprochen wurde (Ps 72) und die den frisch Gekrönten eindringlich *mišpāṭ* und *ṣĕdāqāh* aufs Herz legte, wurde von einer raschen Folge versagender Könige schnell vergessen. Man könnte behaupten, dass die wichtigste Aufgabe der Propheten nicht war, zuallererst das Volk zurück zur Loyalität mit Gottes Bund zu rufen, sondern die Farce des Königtums zu entlarven.

Das prophetische Amt konfrontierte die Macht mit der Wahrheit, indem es die Behinderung und Pervertierung der Gerechtigkeit brandmarkte: »Wehe dem, der sein Haus mit Ungerechtigkeit (*bĕlō'-ṣĕdĕq*) baut und seine Obergemächer mit Unrecht (*lō'-mišpāṭ*) ... Hat dein Vater nicht Recht (*mišpāṭ*) und Gerechtigkeit (*ṣĕdāqāh*) geübt? ... Er hat dem Elenden und dem Armen zum Recht verholfen.« (Jer 22,13–16). Aber auch die Propheten selbst waren kein unbefleckter Haufen. Das Gespenst einer falschen Prophetie, die pauschal die ungerechten Könige unterstützte, zerstörte das Vertrauen und das, was Gottes Traum für sein Volk war: »Ich habe die Propheten nicht gesandt, und doch sind sie gelaufen. Ich habe nicht zu ihnen geredet, und doch haben sie geweissagt.« (Jer 23,21).

Es verwundert nicht, dass sich die Erwartungen an diese Ämter in zukünftige Hoffnung verwandelten. Der jetzige König mag versagen; aber eines Tages wird Gott einen erheben, der Gottes Willen kennt und tut. »Siehe, Tage kommen, spricht der HERR, da werde ich dem David einen gerechten (*ṣaddîq*) Spross erwecken. Der wird regieren und weise handeln und Recht (*mišpāṭ*) und Gerechtigkeit (*ṣĕdāqāh*) im Land üben« (Jer 23,5). »Mit Gerechtigkeit (*bĕṣedeq*) wird er die Armen richten (*šāpaṭ*) und mit Fairness für die Elenden im Land einstehen. ... Gerechtigkeit (*ṣedeq*) wird der Gurt seiner Hüften sein und die Treue (*'emûnāh*) der Gurt seiner Lenden.« (Jes 11,4f.).

Eine besondere Gruppe der Mittler sollten die *Weisen* sein. Nicht wenige Sprüche beraten die Jungen und diejenigen, die weise genug wären, Gerechtigkeit (*ṣĕdāqāh*) zu üben. *Ṣĕdāqāh* kommt in den Sprüchen meist parallel zu einem ähnlichen oder entgegengesetzten Wert vor. Im Grundduktus werden dabei eher allgemeine Verhaltensweisen und Lebensregeln herausgestellt als konkrete Taten des Bösen benannt oder Urteile gefällt. Von den Beispielen, die folgen, betonen manche den Kontrast zwischen der fortgesetzten Jagd nach Reichtum und wahrer Gerechtigkeit oder sehen Gerechtigkeit als angemessene Art der Lebensführung. Sie ist ein Merkmal guter Regentschaft (vgl. Ps 72) in allem, was ein König tut, und ein Begleiter für die lebenslange Suche nach völliger Gemeinschaft mit Gott. Diese Gerechtigkeit besteht vor allem in einer bleibenden Qualität der Beziehung zu Gott. Sie ist sittliche Aufrichtigkeit und die Entschlossenheit, Gottes Geboten zu gehorchen, aber sie wird nie mit einem einzelnen konkreten Gebot der Tora verbunden.

Man beachte nur folgende Auswahl von weisen Ratschlägen im Blick auf *ṣĕdāqāh*: »Unrecht erworbene Reichtümer nützen nichts, aber *ṣĕdāqāh* rettet vom Tod.« (Spr 10,2). »Reichtum nützt nichts am Tag des Zorns, aber *ṣĕdāqāh* rettet vom Tod.« (11,4). »Wer *ṣĕdāqāh* sät, hat einen beständigen Lohn.« (11,18). »*Ṣĕdāqāh* erhöht eine Nation, aber Sünde ist Schande für jedes Volk.« (14,34). »Besser wenig mit *ṣĕdāqāh* als viel Einkommen ohne *mišpāṭ*.« (16,8). »*Ṣĕdāqāh* und *mišpāṭ* zu üben ist besser als Opfer.« (21,3). Man hat den Eindruck, *ṣĕdāqāh* sei keine völlig eigenständige Konzeption, sondern definiere sich immer im Kontrast zu dem, was allzu oft in der gefallenen, widerspenstigen Welt Israels passiert.

Was die Weisen an Lehren hinterlassen haben, findet sich in der Weisheitsliteratur. Hier begegnen wir noch tieferen Sondierungen in die Wirklichkeit der Gerechtigkeit. Das Buch Hiob liefert eine faszinierende Perspektive zum Thema Gerechtigkeit, weil es nach der eigentlichen

Bedeutung dessen fragt, was es heißt, gerecht zu sein. Hiob und seine Freunde halten ihre Plädoyers unter einem doppelten Aspekt: Wie steht es um die grundsätzliche Einstellung (Selbstgerechtigkeit) und um einzelne Sünden, von denen Hiob entweder nichts weiß oder die zuzugeben er sich weigert? Deshalb finden sich hier sehr viel eher als im Buch der Sprüche klare Andeutungen im Blick auf die rechtlichen Implikationen. *Ṣaddîq* zu sein heißt, Gott gegenüber im Recht zu sein, indem man sein verkehrtes Tun bekannt und die göttliche Vergebung angenommen hat. Ein großer Teil des Streits zwischen Hiob und seinen Freunden kreist um die Frage, ob Hiob die Strafe für sein Nicht-gerecht-Sein verdient. Dieser Streitpunkt im Buch Hiob könnte dazu führen, Treue zur Tora und Rechtfertigung oder Strafe durch Gott miteinander zu verknüpfen.

Wir sollten jedoch beachten, dass an allen drei Stellen, an denen Gott Hiobs Anspruch, gerecht zu sein, direkt in Frage stellt, er dies mit der Begründung tut, dass Hiob seine menschliche Fähigkeit und sein Recht, Gottes Ziele zu kennen, überschritten hat. Deshalb besteht sein Hauptmangel an Gerechtigkeit in seiner Hybris, zu denken, er könne Gott aufgrund dessen herausfordern, was in Gottes Plan *ṣedeq* ist. Wirkliches Wissen um Gott ist nicht in der menschlichen Intelligenz zu finden, die die göttliche Ordnung nach unseren Maßstäben interpretiert, sondern nur durch die Anerkennung der Herrschaft Gottes über das Universum und der Unterwerfung unter sie, selbst wenn sie unfair oder jenseits unseres Verstehens zu sein scheint. Ein Katalog der Anfragen und Klagen Hiobs gibt uns ein Gespür für Gerechtigkeit und ihre vorgebliche Existenz im menschlichen Leben: »Wie könnte ein Mensch vor Gott als gerecht (*yiṣdāq*) angesehen werden?« (Ijob 9,2) »Selbst wenn ich im Recht wäre (*ṣādaqtî*), könnte ich nicht antworten, ich würde meinen *mišpāṭ* suchen.« (9,15). »Der *ṣaddîq*, der Rechtschaffene wird zum Gespött.« (12,4). »Der *ṣaddîq* hält an seinem Weg fest.« (17,9). »Ich bin mit *ṣedeq* bekleidet, mein Mantel und Turban ist mein *mišpāṭ*.« (29,14). Hiob besteht auf seiner eigenen Gerechtigkeit und weigert sich, aus Verzweiflung seine Überzeugung, gerecht zu sein, zu verleugnen (27,5); ja, er wagt sogar, zu Gott gegen Gott zu appellieren (16,19–21; 19,25f.). Und tatsächlich: Zu guter Letzt erklärt ihn Gott wirklich für gerecht. Doch die Art, wie Hiob in solch bildhaften und persönlichen Begriffen von *ṣedeq* und *mišpāṭ* redet, spricht Bände über die intensive Auseinandersetzung, in der sich Israel in seiner Beziehung zu Gott vorfand.

c. Gerechtigkeit, die von Gott »angerechnet« wird

Es ist wichtig, zu beachten, dass solche menschliche Gerechtigkeit nicht in moralischer Rechtschaffenheit oder einer tadellosen Befolgung der Gebote besteht. Tamar muss Zuflucht zu einem Akt der Verführung nehmen, aber dann lobt Juda sie: »Du bist gerechter als ich (*ṣādĕqāh mimeni*)« (Gen 38,26). Ihre »Gerechtigkeit« ist der ihr rechtmäßig zustehende Platz in der Gemeinschaft, wie ihn das Recht, das ihr verweigert wurde, grundlegend fordert. Welche Schande auch immer mit ihrer Tat verbunden war, spielt deshalb keine Rolle.

Darum ist auch jede Spur frommer Scheinheiligkeit ausgeschlossen. In den eigenen Augen gerecht zu sein, ist dem Herrn widerwärtig. In den Sprüchen hören wir ein Echo dieser Melodie: »Der Weg des Toren ist recht in seinen eigenen Augen, aber der Weise hört auf Rat.« (Spr 12,15). Nur Gott kann gerecht machen; Gerechtigkeit, gerade auch, wenn sie in Treue geübt wird, ist ein Geschenk Gottes. Das, worauf menschliche Güte beruht, liegt außerhalb des Menschen. An einer späten Station von Israels Reise mit Gott lesen wir: »Wir bringen unser Flehen nicht aufgrund unserer Gerechtigkeitserweise (*ṣĕdeqôt*) vor dich, sondern aufgrund deiner großen Barmherzigkeit.« (Dan 9,18).

Das grundlegende Ereignis dieser Barmherzigkeit ist der Exodus, und der Vorläufer für diese heilvolle Befreiung ist die Geschichte Abrahams. Gen 15,6 ist – auf jeden Fall für Paulus – das eindrucksvollste Beispiel für die Art und Weise, in der »Gerechtigkeit« geschieht. Den hebräischen Text zu übersetzen stellt aber eine gewisse Herausforderung dar:

> Abram glaubte dem HERRN und das rechnete er ihm zur Gerechtigkeit. (Luther)
> Abram glaubte dem Herrn und der Herr rechnete es ihm als Gerechtigkeit an. (Einheitsübersetzung)
> Abram glaubte der Zusage des HERRN, und der HERR rechnete ihm dies als Beweis der Treue an. (Gute Nachricht Bibel)
> Er setzte sein ganzes Vertrauen auf den Herrn, und so fand er Gottes Anerkennung. (Hoffnung für alle)
> Er aber vertraute IHM; das achtete er ihm als Bewährung. (Buber)

Das Wort *ṣĕdāqāh* wird in dieser Aussage von den verschiedenen Übersetzungen unterschiedlich wiedergegeben. Das lässt vermuten, dass die Linguisten auf ein breites Wortfeld für den hebräischen Begriff zurückgreifen. Es zeigt auch, dass es unter den Experten berechtigte Meinungsverschiedenheiten über die genaue Bedeutung des Wortes gibt. Diese Unsicherheit mag uns helfen, unter Umständen eine tiefere Bedeutung als die juristische oder moralische Verwendung des Wortes zu entdecken – die beiden Deutungen, die am häufigsten sind.

In dieser Erzählung wird Abrahams Glaube zum Vorbild für künftige Generationen. Sich an Gottes Verheißungen zu halten, auch in schwierigen Zeiten, das wird von Gott als Gerechtigkeit »angerechnet«. Diese Sicht wird gestützt durch den Kontext von Kapitel 15 als Ganzem, das zwei Begegnungen zwischen Gott und Abraham und eine Schlussszene umfasst (15,1–6.7–17.18–21). In V. 1–6 stellt Abraham die Verheißung von 12,1–3, dass er ein großes Volk (*gōy gādōl*) werden würde, in Frage, da er keinen Erben hat. In V. 7–17 spricht Gott von der Verheißung des Landes, das er Abrahams Nachkommen schenken wird. Beide Themen werden dadurch aufgenommen, dass Gott die Verheißung von 12,1–3 zu einem formellen Bundesschluss vertieft, wobei in 15,18 ausdrücklich festgestellt wird, dass Gott einen »Bund schneiden« wird (*kārat bĕrît*), der die Verheißung von Nachkommen und Land in einer Abmachung zusammenfasst. Zusammen stellen die drei Szenen Abraham in die typische Situation eines altorientalischen Bundesschlusses, bei dem die feierliche Ratifizierung des Vertrags durch das Teilen eines Tiers und das Hindurchgehen zwischen den Teilen symbolisiert wird.

Gen 12–25 wird in seiner Struktur als eine Art Vorausdarstellung der Bundesbeziehung präsentiert, die endgültig am Sinai errichtet werden sollte. Es gibt viele erzählerische Anklänge zwischen der Abrahamsgeschichte und Ex 1–24 (Num 11–20). Ein Einzelner (oder ein Volk) wird aus einem Land, das nicht dem Gehorsam gegenüber Gott unterstellt ist, herausgerufen, um in ein neues Land zu reisen, wo Gott schon wartet, um eine neue Beziehung zu begründen. Die Reise wird motiviert durch die Verheißung von Wohlstand und nationaler Unabhängigkeit (Gen 12,1–3; Ex 3,1–15). Auch Zweifel tauchen auf (Gen 15,1–15; Ex 16–18), aber Gott bestätigt seine Verheißung, indem er eine Bundesbeziehung anbietet (Gen 15,1–21; Ex 19–24). Diese Beziehung wird auf die Probe gestellt (Gen 22; Num 11–20). Abraham besteht die Probe mit Bravour; dagegen ist Israels Loyalität auch am Ende des Pentateuchs immer noch im Werden. Der unterschiedliche Ausgang beider Geschichten widerspricht sich nicht, denn Abraham ist als Modell gedacht, während das Drama des Pentateuchs die fortlaufende Geschichte der Bundesbeziehung in der Bewährungsprobe darstellt.

Zudem findet die Rolle des Glaubens sowohl in der Geschichte Abrahams in Gen 12–25 als auch in der Stiftung des Bundes in Ex 1–24 meist zu wenig Beachtung. Deutlich ist, dass Abraham immer wieder sein Vertrauen in die Verheißungen und dann auch in den Bund, den Gott angeboten hat, erneuert, insbesondere in Gen 15 und 17. Aber auch im Exodus müssen Mose und das Volk mit ihrer Bereitschaft, ihm zu folgen und sein Volk zu werden, bestätigen, dass Jahwes Initiative und seine rettende Kraft Vorrang vor den Verpflichtungen haben, die er ihnen auferlegt. Die Szene am brennenden Busch in Ex 3 und ihre Wiederholung in Ex 6, genauso wie die Szene am Fuße des Sinai in Ex 19 und die Zustimmung des Volkes zum Bund in Ex 24, betonen alle Gottes Initiative und lassen nichts von einer Gleichrangigkeit im Status erkennen; vielmehr bietet Gott an und das Volk stimmt zu (Ex 19,5f.; 24,7). Der Nachdruck liegt ganz beim Stifter des Bundes und nicht bei den Bedingungen der Bundesverpflichtungen.

Gen 18,16–33, die Geschichte, in der Gott Abraham seinen Plan offenbart, Sodom und Gomorrha zu strafen, verwendet in V. 19 das Begriffspaar *mišpāṭ* und *ṣĕdāqāh*, um zu zeigen, wie Abrahams Kinder wandeln sollen (*ṣĕdāqāh* und *mišpāṭ* üben), und stellt dann die Frage nach Gottes Gerechtigkeit (*mišpāṭ*), wenn er Sodom straft (V. 25). Denn der Richter sollte zwischen »dem Guten und dem Bösen« (*ṣaddîq* und *reša'*) unterscheiden. Das setzt eine Bundesbeziehung voraus, die wechselseitig *ṣĕdāqāh* und *mišpāṭ* erfordert. Der normale Gebrauch des Begriffs *šāpaṭ* für Gottes Richten über die Erde bezieht sich im Allgemeinen auf Gottes Sieg und die Bestrafung seiner Feinde, die die Rechte von Gottes Bundespartner Israel verletzt und Gottes Verpflichtung, über sein Volk zu wachen und es zu beschützen, missachtet haben (vgl. Ri 11,27; Ps 7,6–11; 17,2; 26,1.3; 28,3f.). Dabei ist sehr wahrscheinlich, dass sich die zusammengehörigen Begriffe *mišpāṭ* und *ṣĕdāqāh* besonders auf die Wahrung der Rechte der Armen und der Machtlosen nach dem Gesetz beziehen.

An der Geschichte Abrahams sehen wir also, dass Gerechtigkeit einer Person »angerechnet« wird; dieser Gedanke ist weniger juristisch als vielmehr liturgisch zu verstehen, so wie ein Priester einem Sünder die Annahme durch Gott im Gottesdienst zuspricht. Und an dem Drama von Sodom und Gomorrha sehen wir, dass Gott weder lasch noch gutmütig ist; er ist der heilige Gott, der gerechte Gott, der Unheiligkeit nicht dulden kann, gerade weil er gerecht und barmherzig ist. Es gibt also ein Gericht:

»Er kommt und richtet die Welt mit Gerechtigkeit (*ṣedeq*)
und die Völker in Fairness.« (Ps 98,9)

»Der HERR hat seinen Thron aufgestellt zum Gericht (*mišpāṭ*).
Er richtet die Welt in Gerechtigkeit (*ṣedeq*);
Er richtet die Völker in Fairness (*yōšer*).« (Ps 9,8f.)

Dieses Gericht besteht jedoch nicht einfach in Bestrafung. Gott, der das Universum und alle Völker in Gerechtigkeit erschuf, ist unermüdlich dabei, zu Recht zu bringen, was aus den Fugen geraten ist. Da Gott entschlossen ist, Gerechtigkeit zu verwirklichen, werden die Menschen gedrängt, diese Gerechtigkeit nachzuahmen. »So spricht der HERR: Wahrt das Recht (*mišpāṭ*), und übt Gerechtigkeit (*ṣĕdāqāh*), denn bald schon kommt mein Heil (*yēša'*), und meine Gerechtigkeit (*ṣĕdāqāh*) wird offenbart.« (Jes 56,1).

Was aber ist das Wesen dieses Heils und der Befreiung, die in der Wiederherstellung der Gerechtigkeit bestehen? Mit anderen Worten: Was ist Rechtfertigung im Alten Testament?

4. Rechtfertigung

Zwischen der Gerechtigkeit Gottes und der Ungerechtigkeit von Gottes Volk hat sich eine tragische Kluft aufgetan. Was ist zu tun? Obwohl der Begriff *Rechtfertigung* in der alttestamentlichen Literatur nicht annähernd in der zentralen Bedeutung vorkommt, die er im Neuen Testament annimmt, hat doch die Vorstellung von dem, was Rechtfertigung bedeutet, ihre Wurzeln im Gerichtsverfahren des alten Israels. Wenn es sich vor Gericht herausstellt, dass ein Angeklagter *nicht schuldig* ist, dann wird diese Person *gerechtfertigt*. Das bedeutet mehr als Freispruch. Es bedeutet auch Annahme und Wiedereingliederung in die Gemeinschaft. Deshalb ist Rechtfertigung nie nur ein juristischer Akt, sondern immer auch ein sozialer Prozess. Das weitet das Verständnis von Rechtfertigung beträchtlich. Man kann sagen, dass es im gesamten Alten Testament um das geht, was wir *Rechtfertigung* nennen, nämlich zu Recht zu bringen, was falsch gelaufen ist.

Gott, der Schöpfer, müht sich, die Harmonie der Schöpfung wiederherzustellen:

»Gnade (*ḥesed*) und Treue (*'emet*) werden sich begegnen,
Gerechtigkeit (*ṣedeq*) und Friede werden sich küssen.
Treue (*'emet*) wird aus der Erde sprossen,
und Gerechtigkeit (*ṣedeq*) wird vom Himmel hernieder schauen.«
(Ps 85,11f.)

Gott erscheint immer wieder als Retter und Befreier. Dabei fällt auf, wie oft Rechtfertigung geschieht, ohne dass dem auf der menschlichen Seite irgendetwas, sei es Buße oder ein Opfer, entspricht. Einige der denkwürdigsten Stellen im Alten Testament bestätigen diesen Wesenszug Gottes. Ez 37 zeichnet das Volk Israel als Tal voll toter Gebeine ohne irgendeine Möglichkeit, etwas zu tun; und doch werden sie zusammengefügt, auferweckt und lebendig gemacht. Hos 11 stellt ein widerspenstiges Volk vor Augen, das Gott einfach deswegen wiederherstellt, weil er es liebt. Sollten dabei Buße, Reue, Entscheidung oder Wiedergutmachung irgendeine Rolle spielen, werden wir jedenfalls nicht darüber informiert. Und anscheinend nennt auch die Vision von Ez 37 keinerlei Vorbedingungen für das göttliche Eingreifen und die Wiederherstellung.

Einer der spätesten und zugleich aussagekräftigsten Texte im Alten Testament, Dan 9,15–18, betont das Wunder von Gottes heiligem Tun und Wollen, auf die sich das Volk verlassen darf: Gerade indem sie versuchen, gerecht zu sein, kommen sie zu der tiefen Einsicht, dass sie sich nur dem Urteil, der Gnade und der verwandelnden Kraft Gottes ausliefern können:

»Und nun, Herr, unser Gott, ... wir haben gesündigt, wir haben gefrevelt angesichts all deiner gerechten Taten (*ṣĕdeqôt*) ... Wir bringen unser Flehen nicht aufgrund unserer Gerechtigkeit (*ṣĕdāqāh*) vor dich, sondern aufgrund deiner großen Barmherzigkeit (*raḥ*ᵃ*mîm*).«

Das erinnert uns an Ps 51, einen Text, der uns aus unseren Liturgien vertrauter sein mag:

»Sei mir gnädig, Gott, nach deiner Güte (*ḥesed*);
nach dem Reichtum deiner Barmherzigkeit (*raḥ*ᵃ*mîm*) tilge meine Übertretungen ...
Gegen dich, gegen dich allein habe ich gesündigt ...
damit du gerechtfertigt bist (*tiṣdaq*) in deinem Richtspruch und untadelig in deinem Richten (*mišpāṭ*) ...

> Schaffe mir, Gott, ein reines Herz, ...
> Bringe mir wieder die Freude deines Heils.« (Ps 51,3.6.12.14)

Für den Büßer kann offensichtlich nur eine radikale, barmherzige Rettungsaktion von Seiten Gottes und nur eine dramatische Heilung durch den Herrn, wie sie im Gebet erfleht wird, die Beziehung zu Gott erneuern und *ṣĕdāqāh* wiederherstellen. Das ist Rechtfertigung.

a. Prophetische Versuche zur Erneuerung

Gottes vielfache Anstrengung zur Erneuerung wird durch die große Geschichte der Prophetie in Israel demonstriert. Diese Sprecher für Gott stehen nicht nur auf, um das Volk wegen seines Versagens, Gerechtigkeit zu leben, zu geißeln, sondern vor allem, um Gottes Gerechtigkeit und seine Absicht, eine heile Beziehung wiederherzustellen, zu verkünden. Bei den Kleinen Propheten finden sich drei der anschaulichsten Beispiele für *ṣĕdāqāh*. Nach dem aufgrund unzüchtiger Untreue völlig misslungenen Versuch einer Ehe stellt Hosea im Auftrag Gottes fest: »Und ich will mich dir verloben in *ṣedeq*, und in *mišpāṭ* und in *ḥesed* und ich will mich dir verloben mit *'emûnāh*, damit du erkennst, dass ich der Herr bin.« (Hos 2,21f.). Der Kontext einer ehelichen Beziehung zwischen Gott und Israel beherrscht die ersten drei Kapitel bei Hosea, und die Zusammenstellung des Vokabulars in diesem Abschnitt unterstreicht die Güte und Treue Gottes in seiner Rolle als Ehemann und Gatte. Das versetzt Rechtfertigung und Recht aus der Situation eines Gerichtsverfahrens in die Situation einer persönlichen Beziehung zwischen zwei Personen.

Amos beschwört ein unvergessliches Bild: »Lass *mišpāṭ* fließen wie Wasser und *ṣĕdāqāh* wie einen immer fließenden Bach!« (Am 5,24) Das Paar »Recht und Gerechtigkeit« ist hier in die Form des poetischen Parallelismus gestellt. Das signalisiert normalerweise, dass die beiden Begriffe als einander ergänzende Einheit gedacht sind. In Am 5,21–24 steht dies in einem Kontext, in dem die bloße Einhaltung liturgischer und kultischer Vorschriften durch das Volk zurückgewiesen wird, wenn sie nicht mit gerechtem Handeln anderen gegenüber verbunden ist. Die perfekte Befolgung von kultischen Verpflichtungen Gott gegenüber hat keinen Wert ohne die perfekte Befolgung der im Bund mit ihm begründeten Verpflichtungen gegenüber dem Nächsten.

Obwohl Amos vor allem die Situation im Nordreich ansprach, während Micha eine Vision für ein verwandeltes Jerusalem vortrug, gab es doch viele Übereinstimmungen zwischen beiden Zeitgenossen. Beide waren judäische Propheten, die nicht zum Jerusalemer Establishment gehörten, beide kritisierten scharf die Führungsschicht, und zwar gleichermaßen Priester, Propheten und Fürsten, und beide waren zutiefst beunruhigt von der Behandlung der Armen und Schwachen durch die Oberklasse. »Was sonst fordert der HERR von dir, als *mišpāṭ* zu üben und *ḥesed* zu lieben und demütig mit deinem Gott zu gehen?« (Mi 6,8) *Ṣĕdāqāh* wird hier nicht erwähnt, aber »Recht« ist eng mit Gottes Güte verbunden. Der ganze Zusammenhang spiegelt die Verurteilung eines kultischen Perfektionismus wider, der die Verpflichtung dem Nächsten gegenüber vernachlässigt, wie das auch für Amos typisch ist (vgl. auch Hos 6,6, wo kultische Perfektion zugunsten von Liebe und Gotteserkenntnis verurteilt wird).

Wir könnten auch darauf hinweisen, dass das Bild des Immanuel in Jes 7; 9 und 11 ausmalt, wie Gott einen neuen Herrscher einsetzt, der Juda von seinen Feinden befreien und die Herrschaft des Rechts wiederherstellen wird. Aber in Jes 11,4f. ist das nicht eine Sache der Befolgung gesetzlicher Regelungen, sondern der richtigen Beziehung untereinander, wie sie durch Gottes »Gerechtigkeit« (*ṣedeq*) und »Treue« (*'emûnāh*) bewirkt wird. Sie wird insbesondere durch den davidischen König ausgeübt werden, an dem Gott für immer durch *mišpāṭ* und *ṣĕdāqāh* festhalten wird (Jes 9,6).

Es gibt kaum Anhaltspunkte dafür, dass diese Propheten besonderen Nachdruck auf die ausdrückliche Befolgung bestimmter Gesetze legten, um dadurch gerecht zu werden. Stattdessen erscheint der Begriff regelmäßig im Zusammenhang mit 1. der Treue zu Gott gegenüber anderen Göttern; 2. dem Einsatz für eine gerechte Behandlung aller Gruppen in Israel, besonders der Schwachen und Armen, und 3. dem Vertrauen auf die göttliche Verheißung von Vergebung, Rettung und Wiederherstellung.

Auch bei anderen Propheten finden sich diese Themen: »Sucht den HERRN, all ihr Demütigen des Landes, die ihr seinen *mišpāṭ* übt! Sucht *ṣĕdāqāh*, sucht Demut!« (Zeph 2,3). »Siehe, der, dessen Seele nicht rechtschaffen in ihm ist, wird scheitern; aber der *ṣaddîq* wird durch seine *'emûnāh* (Treue) leben.« (Hab 2,4). Hab 2,1–5 als Ganzes ist die Antwort Gottes auf den Ruf Habakuks nach Befreiung von all dem Übel, das ihn umgibt. Ihm stellt Gottes Antwort die Gerechten gegenüber, die am Leben bleiben, weil sie Gott treu bleiben, während die Bösen (oder Korrupten) untergehen werden.

Jes 40–55 bietet die schönste und überschwänglichste Rhetorik des Alten Testaments auf, um die rettende Gerechtigkeit Gottes, »des Heiligen, des Schöpfers Israels, eures Königs«, abzubilden (43,15). Gott ist Israels Erlöser (44,6) und Retter (45,21). In der Tat, Gott ist gerecht (*ṣaddîq*) und spricht in Gerechtigkeit (*ṣĕdāqāh*; 45,21–23). Gott spricht die »Wahrheit« und was »recht« ist (45,19; *ṣedeq*). Dass Gott »gerecht« (*ṣaddîq*) ist, wird daran erkannt, dass er alles, was geschehen sollte, angekündigt hat (41,26). Gott handelt in »Gerechtigkeit« (*ṣedeq*), in Übereinstimmung mit seiner Zusage an Israel (42,6). Gottes Wort ist verlässlich, weil es »in Gerechtigkeit« (*ṣĕdāqāh*) ergangen ist«, gegründet auf Gottes Beziehung zu Israel (45,23).

Es gibt noch eine andere Nuance, die *ṣĕdāqāh* in diesen Kapiteln zu haben scheint. Häufig wird das Wort benutzt, um von der göttlichen »Befreiung« (*ṣĕdāqāh*), der »Rettung« (51,5.8) und »Rechtfertigung« (*ṣĕdāqāh*) durch Gott (54,17; vgl. 58,8) zu reden. Gott wird das Volk mit seiner »siegreichen (*ṣedeq*) rechten Hand« stärken (41,10). Dabei geht es darum, dass Gott eine gebrochene Beziehung wieder zusammenfügt und eine Notsituation zum Guten wendet und so Gottes Volk befreit und rechtfertigt. In gleicher Weise bedeutet *ṣedeq* auf der menschlichen Ebene manchmal »Sieger« (41,2). Menschlicher »Wohlstand« und »Erfolg« (*ṣĕdāqāh*) kommen von der rechten Beachtung der göttlichen Gebote (48,18). Menschen mögen also Zeugen aufbieten, um zu versuchen, sich selbst zu »rechtfertigen« (*ṣdq*; 43,9). In all diesen Beispielen geht es auf die eine oder andere Weise darum, dass gute Beziehungen aufgebaut werden, die allen nützen, die daran beteiligt sind. Und so heißt es auch: Gottes »Gerechter (*ṣaddîq*), mein Diener, wird viele gerecht (*ṣedeq*) machen, und er wird ihre Verschuldungen tragen.« (53,11). Es geht also auch um *ṣĕdāqāh*, wenn wir uns mit dieser Stelle in eine der wortgewaltigsten, geheimnisumwobensten und tiefsten Passagen der ganzen Heiligen Schrift geführt sehen.

Die Worte von Jes 52,12–53,13 machen über jeden Zweifel hinaus deutlich, dass Gottes Eingreifen nötig ist, um »viele gerecht zu machen«. Weil der Knecht sein Leben als Bezahlung für die Sünde gab, kann »Jahwes Plan« Erfolg haben. Weil der Knecht die Sünden der Vielen trug, weil er sein Leben bis in den Tod gab und sich unter die Sünder rechnen ließ, die von Gott abgefallen waren, weil all das geschah, deshalb »wird er viele gerecht machen«. Die Hingabe seines Lebens ist nicht nötig, um einer höheren Gerechtigkeit Genüge zu tun. Es geht darum, den sich immer wieder erneuernden Zirkel der Verleugnung und der Verdrängung von Schuld und den ungebändigten Würgegriff der Sünde zu durchbrechen. Indem er die Schuld der Vielen auf sich nimmt, gelingt es dem

Knecht, das zu tun, was sonst die Verurteilung des Schuldigen tut: Er deckt die Sünde auf und macht sie wirkungslos.

Auch in den Passagen des Alten Testaments, die allgemein als spät gelten, bleiben die älteren Nuancen von *ṣĕdāqāh* erhalten. »Siehe, ich werde mein Volk retten ... und sie werden mein Volk und ich werde ihr Gott sein in *'emet* und in *ṣĕdāqāh.*« (Sach 8,7f.). Die enge Verbindung von *'emet* und *ṣĕdāqāh* verweist auf ein Hendiadyoin: »wahre (oder verlässliche) Gerechtigkeit«. Oft steht *'emet* zusammen mit *ḥesed* (Spr 3,3; 14,22; 16,6; 20,28; Jes 16,5) im Sinne eines verlässlichen Mitleidens Gottes, auf das wir uns verlassen können. Auch hier, wie bei Jesaja und an anderen Stellen, ist Gottes Heilsverheißung der umfassende Kontext seiner *ṣĕdāqāh.* Ähnliches können wir in Sach 9,9 beobachten: »Siehe, dein König kommt zu dir: *ṣaddîq* und siegreich ist er, demütig und auf einem Esel reitend, auf einem Fohlen, dem Jungen einer Eselin.« Auch an dieser späten Stelle ist Gottes Sieg über alle Mächte, die gegen ihn aufmarschiert sind, das zentrale Thema. Aber sein Messias wird nicht durch Pracht und überwältigende Macht an Gottes Triumph als Sieger teilhaben, sondern in Niedrigkeit.

Das Vorkommen und der Kontext von *ṣedeq, ṣaddîq* und *ṣĕdāqāh* werden in den prophetischen Büchern nirgends ausdrücklich als Gehorsam gegenüber Geboten der Tora definiert. Es gibt im Hintergrund fast aller Stellen rechtliche Aspekte des göttlichen Gerichts, aber die Betonung liegt fast immer darauf, die Beziehung zwischen Gott und Israel wieder herzustellen, die durch die Ablehnung und Sünde des Volkes zerbrochen ist und die durch Gottes *ḥesed, 'emûnāh* und *ṣĕdāqāh* wiederhergestellt werden wird. So weit ist die Hebräische Bibel sehr konsequent: Wo immer von *ṣĕdāqāh* gesprochen wird, steht das im Zusammenhang mit Heil, Bund und der Beziehung zu andern. Wer eine Verschiebung zu einer mehr forensischen Bedeutung entdecken will, muss im hellenistischen Kontext, in der Septuaginta, in den Schriften von Qumran oder später suchen.

b. Opfer und Wiederherstellung

In diesen großen prophetischen Texten entdecken wir die Bestätigung dafür, dass rechtliche Verfahren nicht das bewirken, was Gott letztlich möchte; die Drohung des Gerichts weckt nur Furcht, allein die göttliche Liebe kann erreichen, was nötig ist – nötig auf der menschlichen Seite, aber auch im Herzen Gottes. Ps 51 macht beispielhaft klar, dass diejenigen, die gesündigt haben, keine andere Zuflucht haben, als sich dem Erbarmen Gottes in die Arme zu werfen; keine Selbstrechtfertigung, keine moralische Erneuerung kann die zerbrochene Beziehung zu Gott wieder heilen. Und doch ist »etwas tun zu können« auf der menschlichen Seite ungemein hilfreich.

Deshalb und nicht, weil er grausam ist, sondern gerade, weil er gnädig ist, hat Gott den Opferkult eingerichtet, damit zerbrochene Beziehungen zwischen Gott und dem Volk geheilt und wiederhergestellt werden können. »Wenn jemand sündigt gegen den HERRN, indem er seinem Nächsten ein anvertrautes Gut ableugnet oder wegnimmt, oder er hat von seinem Nächsten etwas erpresst oder hat Verlorenes gefunden und leugnet es ab, ... dann soll er zurückerstatten, was er an sich genommen hat ... und ein Fünftel davon hinzufügen und dem geben, dem es gehört. ... und er soll zum Priester sein Schuldopfer bringen, einen Widder ohne Fehler, im üblichen Wert, ... und der Priester soll Sühnung für ihn erwirken vor dem HERRN.« (Lev 5,21–26). Angesichts der Schuld müssen zwei Dinge getan werden. Das Erste ist die Wiedererstattung: Man zahlt ein Schaf zurück für das Schaf, das man gestohlen hat. Das Zweite können wir in Wirklichkeit gar nicht selbst tun; es muss für uns getan werden. Hier ist Gottes Handeln erforderlich. Der Priester vollzieht auf sakramentale Weise die Darbringung von etwas Wertvollem, nicht weniger als das Beste, das einer hat. Blut muss vergossen werden, und Gottes Kraft wird durch das vergossene Blut freigesetzt; Leben aus Gott wird verströmt, um Heilung zu bewirken, um die Altlast an Schuld zu überwinden, jenes Gift, das auch die tapfersten Anstrengungen zur Wiedergutmachung und Versöhnung zerstört. Sühne ist nicht etwas, das Gott braucht; sie ist Gottes Gabe an sein Volk, um es von den Folgen seines sündigen Tuns zu retten. Sühne ist Heilsgeschehen – Gottes rettendes Handeln.

Vergebung schloss für einen israelischen Bauern wirkliche Veränderung mit ein: Man trennte sich vom Vieh oder von Früchten der Erde; man wusste auch, dass »Kraft im Blut« ist, denn der lebenslange Kampf ums Überleben schloss das Töten und Zerlegen von Tieren ein; mit dem Blut verströmte sich die Lebenskraft aus ihnen. Was wir Versöhnung oder Rechtfertigung nennen würden, war für sie nicht eine bloße spirituelle oder mentale Einstellung bzw. eine Art innere Entlastung von Gewissensbissen. Es musste etwas getan werden; und was folgte, war ein Wunder. Heilung und Gnade sind Vergebung *und* verändernde Kraft: Wir sind wieder mit Gott vereinigt und (um etwas aus der Sprache der Kirchenväter zu entleihen) zu Teilhabern seiner göttlichen Natur gemacht.

c. Soziale Gerechtigkeit

Die Begriffe, die wir hier zusammengetragen haben, *ṣĕdāqāh*, *'emûnāh*, *ḥesed*, *yōšer*, *mišpāṭ*, *yāšā'*, *'emet*, zeigen alle, und zwar sowohl wenn sie einzeln als auch wenn sie gemeinsam verwendet werden, eine unauflösliche Verbindung zwischen der Horizontalen und der Vertikalen, der Beziehung zu Gott und den Gemeinschaftsaspekten eines verantwortungsvollen Lebens. Soziale Gerechtigkeit ist für Israel kein Anliegen unter anderen, sondern Gottes Bauplan für die Menschheit, das, was aus Gottes Schöpfung und seinem Eigentumsrecht über alles, was gut ist, erwächst. Der gerechte Gott ist der, nach dessen Willen auch in der Schöpfung eine gerechte und lebensdienliche Ordnung herrschen soll. Wenn irdische Könige Gerechtigkeit gewährleisten müssen, um wie viel mehr wird der göttliche König soziale Gerechtigkeit suchen und fordern? Dieser Impuls ist so stark, dass in der Zeit des Zweiten Tempels und im rabbinischen Judentum das Wort *ṣĕdāqāh* die Bedeutung »Almosengeben« annahm, und man gewinnt den Eindruck, der *ṣaddîq* ist ein Mensch, der Almosen gibt und die missliche Lage Notleidender lindert.

Im Heiligkeitsgesetz lesen wir: »Wenn ihr die Ernte eures Landes einbringt, sollst du den Rand deines Feldes nicht vollständig abernten; du sollst in deinem Weinberg keine Nachlese halten, und die abgefallenen Beeren deines Weinbergs sollst du nicht einsammeln. Du sollst es dem Armen und dem Fremden überlassen. Ich bin der HERR, euer Gott.« (Lev 19,9f.). Die Ernte ist endlich reif geworden, meine Familie ist hungrig, das Jahr hat sich als mager erwiesen, ich bin erschöpft, aber begeistert – und ich soll nicht alles ernten, wofür ich in all diesen Monaten geschuftet habe? Die Trauben, die ich versehentlich fallen ließ, liegen zu lassen, dringend benötigtes Getreide nicht aufzusammeln, das ist der leibhaftige Nachvollzug dessen, was man nur Gnade nennen kann.

Wenn unsere theologischen Interpretationen von Gnade, Versöhnung oder Rechtfertigung den geistlichen Vorgang, der damit verbunden ist, als ganz einseitiges Geschehen verstehen, als Geschenk, das Gott denen gibt, die keine gute Gabe verdient haben, dann kann die Ernte eines Feldes nicht nur die sichtbare Veranschaulichung für das werden, wie Gott handelt, sondern auch Verwirklichung der Gnade Gottes im wirklichen Leben. Wer bekommt die Ähren und die Trauben? Irgendeiner, der hungrig ist! Gottes Güte ist nicht dazu da, gehortet zu werden, sondern dazu, verteilt und auch dem Fremden umsonst zur Verfügung gestellt zu werden. Der durchschnittliche Israelit musste etwas tun, um den Bund nicht zu verschleudern; bzw. die Israeliten mussten sich gemeinsam für bestimmte Handlungsweisen einsetzen, um nicht die wunderbare Ordnung des Kosmos, die von Gott in Gnade eingerichtet worden war, zu erschüttern. Diese von der Gnade bestimmte Darstellung von *ṣĕdāqāh*, *'emûnāh*, *ḥesed*, *yāšār*, *mišpāṭ*, *yešā'* und *'emet* veranschaulicht, dass der Weg, den Gott verfolgt, auf Beziehung zielt – eine verantwortliche Beziehung zu Gott, die sich auf Gottes Vorhaben einlässt, und von daher auch zeigt, dass Gerechtigkeit auf Beziehung zwischen den Besitzenden und den Habenichtsen und letztlich zu allen auf der Erde zielt.

5. Zusammenfassung der Hauptpunkte im Alten Testament

In der Einleitung haben wir gesagt, dass Christen, wenn sie das Alte Testament lesen, viel über Gerechtigkeit lernen und verstehen können. Die Geschichte und das Wesen von *ṣĕdāqāh* im Alten Testament sind komplex und faszinierend und liefern aussagekräftiges Hintergrundwissen für die Deutung von Rechtfertigung im Neuen Testament und in der christlichen Theologie. Ein Bündel von Begriffen und eine Zusammenstellung von Realitäten, so umfassend wie das ganze Leben, kommen in den Blick, wenn wir über Gerechtigkeit nachdenken, die zuerst und immer etwas ist, was Gott zugehört. Aber Gott teilt: Gott teilt Gerechtigkeit aus an die Menschen, und er sehnt sich danach, dass sie das, was in Gottes Sinn und Herz beginnt, verkörpern.

Es wird nicht überraschen zu entdecken, dass die Menschen damit zwar manchmal Erfolg haben, aber sehr viel häufiger daran scheitern. Gerade ihre Fähigkeit, ein gewisses Maß an Gerechtigkeit zu erfüllen, wird zum problematischsten Aspekt ihres Scheiterns: Wenn sie »gerecht in ihren eigenen Augen« werden, begeben sie sich in Distanz zu Gott. Aber Gott ist gnädig; er stellt Mittler und Möglichkeiten zur Verfügung, die das Volk braucht, um gerechtfertigt zu werden, entweder so, dass sie die göttliche Bestätigung ihrer Gerechtigkeit angesichts falscher Beschuldigungen oder Frevler erhalten, oder so, dass er sie als Sünder annimmt, die Erbarmen und die Wiedereingliederung in die Gegenwart Gottes und das Leben der Gemeinschaft brauchen.

Auf den ersten Blick mag also Gerechtigkeit wie eine absolute Norm erscheinen, ein Pfeiler im Wesen Gottes, eine Gesetzessammlung, die durchgesetzt werden muss. Aber Gerechtigkeit ist im Alten Testament immer auf Beziehung ausgerichtet, weil Gott ganz persönlich die beste vorstellbare Beziehung zum Volk als Ganzem und zu jedem Einzelnen in der Gemeinschaft anstrebt, und weil das Volk die besondere Verantwortung, aber auch das wunderbare Privileg hat, so zusammenzuleben, wie es dem Wesen Gottes selbst entspricht. So steht Versöhnung immer auf der Tagesordnung und soziale Gerechtigkeit liegt allen am Herzen, die Gottes gerechtes Wesen und Handeln erkannt haben. Eine besondere Art der Parteilichkeit drängt Israel dazu, gastfreundlich und gütig zu denen zu sein, die an den Rand gedrängt sind – zu dem Fremden, der Witwe und der Waise und auch zu dem, der hoffnungslos im Unrecht zu sein scheint. Denn die Zuwendung zu denen, die keine Gerechtigkeit einfordern oder erwarten können, in die Tat umzusetzen, heißt ja, das nachzuahmen, was Gott für Menschen getan hat, die in Demut feststellen, dass sie keine andere Zuflucht haben als sich ganz dem Urteil und dem Erbarmen Gottes zu überlassen.

Wir sehen also verschiedene Fäden zusammenlaufen, die gemeinsam ein Gewebe von Gedanken bilden, das dazu hilft, die erstaunliche Geschichte des Christus im Neuen Testament zu erklären. Eine sinnstiftende Beziehung zu Gott ist eine wunderbare, aber auch gefährdete Realität. Auf der Seite Gottes ist dafür sowohl ein entsprechender Wunsch als auch eine immense Geduld erforderlich, auf unserer Seite ein aufnahmebereites Offensein, das Ablegen des Stolzes und das überwältigte Staunen über die Möglichkeiten eines versöhnten Lebens. Jesus Christus wird im Alten Testament nie erwähnt; aber der Widerhall seines Wesens und der Art, wie Gott seinen nie versagenden Bund der Gnade in Kraft setzt, findet auch auf seinen Seiten ein Echo, insbesondere wenn *ṣĕdāqāh* und die verwandten Begriffe ins Spiel kommen. Angesichts dieser Einsicht sollte uns die Art, in der die unterschiedlichen und doch gemeinsam laut werdenden Stimmen im Neuen Testament ihr Zeugnis für das Christusereignis formulieren, nicht mehr überraschen – auch, wenn sie eine sehr viel reichere Erfüllung benennen, und auch, wenn sie einigen Angeboten auf der »Speisekarte« der Gerechtigkeit im Alten Testament keine Aufmerksamkeit schenken sollten.

6. Die frühjüdische Rezeption

Wenn Paulus oder andere Autoren des Neuen Testaments auf biblische Konzeptionen von Gottes Gerechtigkeit Bezug nehmen, dann stehen sie in einer lebendigen Auslegungstradition der Schrift, wie sie besonders durch die Septuaginta, aber auch durch andere frühjüdische Texte reich belegt ist. Die Schriften Israels waren für die neutestamentlichen Autoren ebenso wie für die Verfasser frühjüdischer Schriften nicht Texte der Vergangenheit. Der *Tanach*, die dreiteilige jüdischen Schriftensammlung, bestehend aus Tora, Propheten und »Schriften«, wurde als Gottes Wort für die Gegenwart vernommen. Auch Übersetzungen in das Griechische (Septuaginta) oder Aramäische (Targumim) konnten so verstanden werden.

a. Der hellenistische Kontext

Für die neutestamentlichen Autoren wurde die griechische Sprache zum Ausdrucksmittel ihres Glaubens und ihrer theologischen Überzeugungen. Von daher war es folgerichtig, dass sie auch die Schriften Israels in griechischer Sprachgestalt heranzogen, um die Verwurzelung des Evangeliums in der Glaubensgeschichte Israels zum Ausdruck zu bringen. Das schließt nicht aus, dass sie auf den hebräischen Text biblischer Schriften zurückgreifen konnten. Mit der Übersetzung der hebräischen oder aramäischen Schriften in das Griechische waren jedoch Modifikationen des Sinns von Begriffen und Konzeptionen verbunden. Auch das Zeugnis von der Gerechtigkeit Gottes in seinem Handeln an Israel, das in verschiedenen Texten der Hebräischen Bibel zur Sprache kommt, wurde von den neutestamentlichen Autoren in der Gestalt aufgenommen, die es im Frühjudentum gewonnen hatte.

Die Textfunde von Qumran zeigen, dass zur Zeit der Entstehung der neutestamentlichen Schriften die Sammlung des späteren christlichen Alten Testaments in Wortlaut und Schriftenbestand noch nicht endgültig fixiert war. Gleichwohl bezogen sich Autoren des Neuen Testaments explizit und implizit auf »die Schrift« oder Teile daraus und zitierten sie, wenn sie das Evangelium verkünden und erläutern wollten. Damit stellten sie sich in die Auslegungsgeschichte der Schriften Israels in frühjüdischer Zeit.

Durch theologische Konzeptionen wie durch hermeneutische Prinzipien beim Umgang mit der Schrift ist das frühe Christentum eng mit dem antiken Judentum verbunden, auch wenn es von ihm durch sein Bekenntnis zu Jesus Christus getrennt ist. Der Umgang mit dem Alten Testament im Neuen zeigt, dass das Christusgeschehen nur auf der Basis des heilvollen Handelns Gottes an Israel, wie es in frühjüdischer Zeit geglaubt wurde, sachgemäß zur Sprache gebracht werden konnte.

Zwar gibt es wesentliche Unterschiede zwischen dem biblischen, in den hebräischen Schriften des Alten Testaments wurzelnden Verständnis der Gerechtigkeit Gottes und der philosophisch-ethischen Konzeption von Gerechtigkeit, wie sie in der griechischen Philosophie entwickelt worden ist. Allerdings ist der Sprachgebrauch hinsichtlich der Gerechtigkeitsterminologie in der Septuaginta weit stärker durch die biblischen Inhalte bestimmt als durch die griechische philosophische Tradition. In dieser Hinsicht gleicht das Verständnis der Septuaginta von Gottes Gerechtigkeit dem der meisten jüdischen Schriften ihrer Zeit. Bei der Rezeption der Schriften Israels in ihrem Verständnis von der Gerechtigkeit Gottes kann jedenfalls keine grundlegende Differenz zwischen der Hebräischen Bibel und der Septuaginta festgestellt werden.

b. Frühes Judentum

Eine wesentliche Modifikation im Verständnis der Gerechtigkeit liegt allerdings darin, dass sie im Frühjudentum zunehmend mit Aussagen über die Tora verbunden wurde, die als heilsame Gabe und Lebensordnung Gottes für sein Volk gesehen wurde. Der Bund Gottes mit Israel konnte als Ausdruck seiner Gerechtigkeit verstanden werden. Mit dem Bundesschluss verbunden war die Forderung an Israel, Gottes Gebote zu halten. Hinzu tritt in frühjüdischer Zeit eine verstärkte Ausrichtung von Aussagen über die Gerechtigkeit Gottes auf die eschatologische Vollendung und das Gericht. Am Ende der Zeit wird Gott seine Gerechtigkeit gegenüber Israel erweisen, indem er die Übertreter der Tora straft, ihnen zugleich aber seine Barmherzigkeit und Vergebung zukommen lässt, die seinen Gerichtszorn weit übersteigen.

Diese Vorstellungen gehören zu den jüdischen religiösen Überzeugungen von Gott und sind nicht auf den christlichen Gottesglauben beschränkt. So stellt das Jubiläenbuch einen engen Zusammenhang her zwischen der Übergabe der Tora an Mose auf dem Sinai, einer Offenbarungsrede Gottes über die künftigen Verfehlungen Israels, der Ankündigung des Gerichts Gottes über Israel wegen seiner Übertretungen der Tora und dem Ausblick auf Israels Umkehr, auf die Gott mit seiner Barmherzigkeit reagiert: »Und ich werde ihnen offenbaren viel Heil in Gerechtigkeit. Und ich werde sie umpflanzen als Pflanze der Gerechtigkeit ... Und ich werde sie nicht verlassen, und ich werde sie nicht verstoßen, denn ich bin der Herr, ihr Gott.« (Jub 1,15–18). Auf die Bitte des Mose, Gott möge sein Volk nicht verstoßen und davor bewahren, die »Wege der Gerechtigkeit« zu verlassen, erhält er die Zusage: »Ich kenne ihren Widerspruch und ihre Gedanken und ihren harten Nacken ... Und ich werde ihnen schaffen einen heiligen Geist. Und ich werde sie rein machen, damit sie sich nicht von mir wenden von diesem Tag an bis in Ewigkeit ... Und sie alle werden genannt werden Kinder des lebendigen Gottes ... daß sie meine Kinder sind und ich ihr Vater in Rechtschaffenheit und Gerechtigkeit und daß ich sie liebe.« (Jub 1,22–25)[2]

Ermahnung zum Halten der Tora und Vertrauen auf die Barmherzigkeit Gottes bilden im Frühjudentum keinen Gegensatz. Das zeigt z. B. der Schlussteil des »halachischen Briefes« aus Qumran, in dem der Adressat ermahnt wird:

> »Denke [an] David, der ein Gnadenmann war, [und] auch er wurde aus vielen Bedrängnissen [er]rettet und ihm wurde verziehen. Und auch wir haben an dich geschrieben etliches von den Tora-Praktiken, die wir als gut für dich und dein Volk befunden haben, da wir ges[eh]en haben, daß bei dir Klugheit (vorhanden ist) und Tora-Wissen. Betrachte dies alles vor Ihm, damit er zurechtrichte deinen Ratschluß und entferne von dir böse Gedanken und Belialsrat, damit du Freude hast am Ende der Zeit, wenn du findest, daß etwas von unseren Worten so (recht) ist, damit es dir zur Gerechtigkeit angerechnet wird, da du das Rechte vor ihm tust und das Gute zu deinem Besten und für Israel.« (4QMMT 398, Frgm. 14 II)[3]

Besonders eindrücklich zeigen die Bußgebete, die im Danielbuch, in einigen Qumran-Texten und in der 4. Esra-Apokalypse überliefert sind, dass im Frühjudentum Gerechtigkeit Gottes Ausdruck seines Heilswillens ist. So wendet sich der Beter mit der Bitte an Gott:

> »Herr! Entsprechend allen deinen Treueerweisen (LXX: *tēn dikaiosynēn sou*) möge doch dein Zorn und dein Grimm von deiner Stadt Jerusalem, deinem heiligen Berg ablassen. Denn durch unsere Sünden und die Verfehlungen unserer Väter sind Jerusalem und dein Volk zum Spott bei allen rings um uns geworden ... Öffne deine Augen und sieh unsere Verwüstung an und die deiner Stadt, über der dein Name ausgerufen wurde. Denn nicht im Blick auf unsere gerechten Taten legen wir unsere flehentlichen Bitten vor dich hin, sondern im Blick auf deine zahlreichen Gnadenerweise.« (Dan 9,16–18)

In einem Gebet in der Gemeinderegel aus Qumran heißt es:

---

[2] Übersetzung nach K. Berger, Die Jubiläen, JSHRZ II/3, Gütersloh 1982, 317f.

[3] Übersetzung nach J. Maier, Die Qumran-Essener: Die Texte vom Toten Meer II, München 1995, UTB 1863, 375f.

»Und ich – wenn ich wanke, sind Gottes Gnadenerweise mir Hilfe für immer, und wenn ich strauchle durch Fleischesschuld, steht mein Urteil in Gottes Gerechtigkeit auf Ewigkeit fest: Weil Er meine Bedrängnis aufschließt, aus Verderben meine Seele errettet und meinen Fuß auf den Weg setzt, in Seinem Erbarmen mich nahen ließ und durch Seine Gnadenerweise eintritt mein Recht, Er mich in seiner wahren Gerechtigkeit richtete und Er in der Fülle Seiner Güte alle meine Verschuldungen sühnt, und Er in Seiner Gerechtigkeit mich reinigt von menschlicher Unreinheit und Sünde von Menschensöhnen, um Gott Seine Gerechtigkeit zu bekennen und dem Höchsten seine Pracht!« (1QS 11,11–15)[4]

Auch die Loblieder der Qumran-Gemeinde sind von einer Sündenerfahrung geprägt, die allein auf Gottes Gerechtigkeit vertraut:

»Was ist Fleisch im Vergleich dazu [d. h. zu Gottes Herrlichkeit]? Und was ist ein Lehmgebilde, um Wundertaten groß zu machen? Es ist in Sünde von Mutterleib an und bis ins Alter in der Schuld der Treulosigkeit. Ich aber erkannte, daß beim Menschen keine Gerechtigkeit ist und nicht beim Menschenkind vollkommener Wandel. Beim höchsten Gott sind alle Werke der Gerechtigkeit, aber der Wandel des Menschen steht nicht fest, es sei denn durch den Geist, den Gott ihm schuf, um den Wandel der Menschenkinder vollkommen zu machen, damit sie alle seine Werke erkennen in der Kraft seiner Stärke und die Fülle seines Erbarmens über alle Söhne seines Wohlgefallens ... Ich sprach: In meiner Sünde bin ich verloren für deinen Bund. Aber als ich der Kraft deiner Hand gedachte mit der Fülle deines Erbarmens, da richtete ich mich auf und erhob mich, und mein Geist gewann wieder Festigkeit gegenüber der Plage; denn [ich] stützte mich auf deine Barmherzigkeit und die Fülle deines Erbarmens. Denn du sühnst Sünde und rei[nigst den Men]schen von Verschuldung durch deine Gerechtigkeit.« (1QH 4 [12],29–37)[5]

Eindrücklich sind auch Aussagen zur Erfahrung des Sünders in der 4. Esra-Apokalypse. Zwar weiß der Seher, dass denen, die Gottes Gebote beachten, Leben zugesagt ist. Aber er hat erfahren, dass es kaum einen gibt, der dieser Forderung gerecht wird:

---

[4] Übersetzung nach J. Maier, Die Qumran-Essener: Die Texte vom Toten Meer I, München 1995, UTB 1862, 199.

[5] Übersetzung nach E. Lohse (Hrsg.), Die Texte aus Qumran, Hebräisch und Deutsch, Darmstadt [2]1971, 127ff.

»Wer ist es von den Lebenden, der nicht gesündigt hätte? Oder wer von den Geborenen ist es, der deinen Bund nicht übertreten hätte? ... Denn alle, die geboren wurden, sind von Sünden befleckt, sind voll von Fehlern und von Schuld belastet ... In Wahrheit gibt es nämlich niemand unter den Geborenen, der nicht böse gehandelt, und unter den Gewordenen, der nicht gesündigt hätte. Denn dadurch wird deine Gerechtigkeit und deine Güte offenbar, Herr, daß du dich derer erbarmst, die keinen Bestand an guten Werken haben.« (IV Esr 7,46.68; 8,35)[6]

Solche frühjüdischen Zeugnisse vom Vertrauen auf die Gerechtigkeit Gottes können zeigen, dass die neutestamentlichen Autoren bei einem Gottesverständnis anknüpfen konnten, das ganz aus den Überlieferungen Israels gespeist war, die in den biblischen Schriften gesammelt und überliefert wurden. Vom Christusgeschehen her wurde freilich nach dem Verständnis der neutestamentlichen Zeugen dieses biblische Gottesverständnis neu und endzeitlich definiert.

7. Neutestamentliche Schlüsselstellen im alttestamentlichen Kontext

Die Verfasser neutestamentlicher Schriften lasen die Texte der biblischen Schriften als Menschen ihrer Zeit und die meisten von ihnen als Leute, die in der Tradition des frühen Judentums standen. Aber gleichzeitig schenkte ihnen die Begegnung mit Christus eine neue Perspektive für das Verständnis der Schrift und führte sie dazu, einige Stellen besonders herauszuheben, die für ihr Verständnis entscheidend geworden waren.

Aus neutestamentlicher Sicht gibt es drei alttestamentliche Schlüsselstellen zur biblischen Rechtfertigungstheologie.

- Gen 15,6 wird von Paulus im Römerbrief (Röm 4,3.9) und im Galaterbrief (Gal 3,6) als Schriftbeleg der Rechtfertigungsbotschaft zitiert, aber auch vom Jakobusbrief (Jak 2,23) in seiner Auseinandersetzung mit der Rechtfertigungsthematik.

---

[6] Übersetzung nach J. Schreiner, Das 4. Buch Esra, JSHRZ V,4, Gütersloh 1981, 348.351.367.

- Hab 2,4 wird von Paulus gleichfalls im Römerbrief (Röm 1,17) und im Galaterbrief (Gal 3,11) als Schriftbeweis für die Rechtfertigung aus dem Glauben zitiert; im Hebräerbrief (Hebr 10,38) dient der Vers zur Unterstützung der Glaubensmahnung (Hebr 10,32–39), steht aber nicht explizit im Kontext der Rechtfertigungslehre.
- Jes 28,16 wird von Paulus im Römerbrief gleich zweimal zur Untermauerung der Rechtfertigungstheologie zitiert (Röm 9,33; 10,11), überdies in 1Petr 2,6f. mit dem Bild des Ecksteins zur Erklärung der Kirche als Gemeinschaft des Glaubens. Die Sachparallele Jes 7,9 wird im Neuen Testament nicht *expressis verbis* angeführt.

Im Alten Testament gibt es zwischen diesen Versen keinen engeren Zusammenhang. Erst durch die neutestamentliche Rezeption werden sie, vor allem bei Paulus, programmatisch aufeinander bezogen. Zwischen der ursprünglichen alttestamentlichen Bedeutung und dem neutestamentlichen Verständnis zeigen sich Unterschiede, die für die biblische Theologie wichtig sind und von der ökumenischen Bewegung genutzt werden können.

Die alttestamentlichen Belegverse, die im Neuen Testament für die Rechtfertigungstheologie herangezogen werden, werden auch im zeitgenössischen Judentum zitiert, stehen dort aber in anderen Rezeptionshorizonten und gewinnen deshalb auch im Grundverständnis des Glaubens andere Bedeutungen. Diese Differenzen sollen kurz beschrieben und hermeneutisch reflektiert werden.

a. Genesis 15,6

Gen 15,6 steht im Zusammenhang mit einem Bundesschluss (Gen 15,1–23), der die Abrahamsverheißung (Gen 12,1ff.) besiegelt. Auslöser ist Abrams Klage, keine leiblichen Nachkommen zu haben. Seine Kinderlosigkeit stellt die Gültigkeit der Verheißung in Frage. Nachdem Gott seine Zusage wiederholt hat (Gen 15,1), klagt Abram Gott seine Lage (Gen 15, 2f.), erhält aber eine konkretisierte Verheißung zur Antwort (Gen 15,4.5). Dann folgt der Schlüsselsatz des Erzählers, der nach jüdischer und christlicher Tradition mit Mose identifiziert wird: »Abraham glaubte Gott ...«.

Was Glaube an dieser Stelle meint, ist schon im biblischen Traditionsraum strittig. Im Judentum herrscht eine prospektive Sicht vor: Abrahams Glaube sei derjenige, der sich in der Erprobung – besonders der Bindung Isaaks (Gen 22) – erweise und in seinem Gesetzesgehorsam –

angefangen mit der Beschneidung (Gen 17) – bewähre. So deutet auch der Jakobusbrief, der am Beispiel Abrahams die Zusammengehörigkeit von Glaube und Werken aufweisen will, allerdings die Beschneidung übergeht und die Opferung Isaaks betont (Jak 2,21–24). Bei Paulus hingegen herrscht eine retrospektive Sicht vor. Sie steht nicht allein. Der jüdische Philosoph Philo von Alexandrien deutet auf die Bekehrung (virt 211–219; praem 27): Der Apostel hingegen sieht im Glauben Abrahams sein Vertrauen auf die Gültigkeit des Verheißungswortes Gottes. In Röm 4 ist die Situation der Kinderlosigkeit eingefangen, die in Gen 15 beschrieben wird, und wird von Paulus genutzt, um den Glauben Abrahams als Glauben an den Gott zu akzentuieren, »der die Toten lebendig macht« (Röm 4,17).

Im Hebräischen ist nicht ganz zweifelsfrei zu klären, wer Subjekt des folgenden Teilsatzes ist. Aber die Septuaginta und die gesamte jüdische Überlieferung sehen wie das Neue Testament Gott als Subjekt des Satzes. Das Hebräische ist dann zu übersetzen: »... und der rechnete es ihm als Gerechtigkeit an«. In den griechischen Versionen, die sich auch im Neuen Testament finden, ist der Satz ins Passiv gesetzt, um Gott als Subjekt hervorzuheben: »... und es wurde ihm zur Gerechtigkeit angerechnet«.

Gerechtigkeit meint in Gen 15,6 im umfassenden Sinn das bundeskonforme Verhältnis Abrahams zu Gott, aus dem der Segen für die Völker fließt. Dieser Grundsinn ist tief in der Hebräischen Bibel verwurzelt und bleibt in den frühjüdischen und neutestamentlichen Zitaten erhalten, auch wenn es Unterschiede im Verständnis des Bundes und der Verwirklichung des universalen Heilswillens Gottes gibt, die durch die Christologie bestimmt werden. Die frühjüdischen Quellen stimmen mit den neutestamentlichen auch darin überein, dass es der Glaube ist, der rechtfertigt, auch wenn der Glaube unterschiedlich verstanden wird.

Gott »rechnet« Abraham seinen Glauben als Gerechtigkeit »an«. Man kann auch übersetzen: Er »erkennt ... zu«. Gemeint ist weder in der Hebräischen Bibel und der Septuaginta noch in der frühjüdischen und frühchristlichen Interpretation eine Verrechnung nach dem Prinzip von Leistung und Gegenleistung. Gott ist Subjekt; er fällt sein Urteil; er schafft Recht. Das hebräische Wort (*ḥāschāb*) wird teils aus dem Sakralrecht abgeleitet, in dem Gott profane Dinge für heilig erklärt, teils aus dem Heilsorakel, in dem Gott eine Verheißung gibt, auf die man sich verlassen kann. So oder so ist sein schöpferisches Wort gemeint. Die »Anrechnung« bezieht sich auf den Glauben, den Gott selbst geweckt hat, und erkennt ihm den unendlich großen Wert zu, den er in Gottes Augen hat. Das griechische Wort (*logizein*) kommt aus der Geschäftswelt und kann sowohl das Verbuchen als auch das Verrechnen akzentuieren. Die Logik ist dieselbe: Der Glaube wird von Gott anerkannt und unendlich aufgewertet. Gott stellt fest, was der Glaube ist, den er in seiner Gerechtigkeit selbst hervorgerufen hat, und stellt dadurch her, was allein zur Erfüllung der Verheißung führen kann: seine Gerechtigkeit.

b. Habakuk 2,4

Hab 2,4 spricht im hebräischen Text vom Glauben bzw. von der Treue des Gerechten: »Der Gerechte wird durch seinen Glauben – oder: durch seine Treue – am Leben bleiben«. Das ist der Höhepunkt einer Heilszusage, die Gott seinem Propheten für das ganze Volk macht (Hab 2,1–4), nachdem der das Elend Israels beklagt hat (1,12–17) und bevor in einer langen Liste alle möglichen Gefahren aufgezählt werden, Gottes Verheißung zu verspielen (2,5–20). Das Leben meint die Rettung aus der gegenwärtigen Not. Die Übersetzung des hebräischen Wortes (*'emûnāh*) mit Treue hat vor Augen, dass der Gerechte konsequent nach Gottes Wort lebt. In Qumran ist der Vers auf die Zukunft dessen bezogen worden, der ganz auf das Verständnis und die konsequente Praxis des Gesetzes setzt: »Das bezieht er auf alle Täter des Gesetzes im Hause Juda, die er erretten wird aus dem Haus des Gerichtes um ihrer Mühe und ihrer Treue wegen zum Lehrer der Gerechtigkeit« (1QpHab VIII 1–3). Die philologisch gleichfalls mögliche Übersetzung mit Glaube hat die angespannte Situation vor Augen, in der Habakuk die Zusage der Rettung erhält; Glaube ist dann das Vertrauen, dass Gott alles gut macht, obwohl in den Augen der Menschen alles dagegen spricht. Die Septuaginta bezieht hingegen die »Treue« (*pistis*) auf Gott und betont damit, dass, wer gerecht ist, allein durch Gott das Leben gewinnen kann.

Paulus geht im Zitat des Propheten, den er auf Griechisch zitiert, wieder näher an den Sinn des hebräischen Textes heran, weil er vom Glauben der Menschen spricht. Die damalige Situation der Bedrohung Israels wird bei ihm transparent für die Bedrohung durch die tödliche Macht der Sünde, aus der nur Gott retten kann. Wie seine Zitate zu übersetzen sind, ist eine unter den Exegeten offene Frage: »Der aus Glauben Gerechte wird leben«; oder: »Der Gerechte wird aus Glauben leben« (Röm 1,17). Im ersten Fall hätte Paulus Hab 2,4 als direkten, im zweiten als indirekten Beweis seiner Rechtfertigungsthese gelesen.

c. Jesaja 28,16

Jes 28,16 gehört zu einem Gerichtswort, mit dem der Prophet untreue Priester und Propheten in Jerusalem kritisiert (Jes 28,7–15). Sie wiegen sich in falscher Sicherheit, weil sie meinen, auf die Verheißungen Gottes und die Erwählung Zions bauen zu können, die sie aber durch ihre Korruption verraten. Deshalb spricht Gott durch den Mund des Propheten: »Siehe, ich setze einen Grundstein in Zion, einen harten Stein, einen kostbaren Eckstein, felsenfest gegründet: Wer glaubt, flieht nicht!« Im Jesajabuch ist dies die positive Wendung der Warnung des Propheten an König Ahas: »Glaubst du nicht, so bleibst du nicht!« (Jes 7,9) In Jes 28 leitet das Wort die Vorhersage eines weltweiten Gerichtes Gottes ein, weil er »das Recht zur Richtschnur und die Gerechtigkeit zur Waage« macht (Jes 28,17).

Glaube ist sowohl nach dem hebräischen Original wie nach der griechischen Übersetzung von Jes 28,16 ein Sich-Gründen in Gott. Es ist das Vertrauen auf Gottes Verheißung, das sich mit der Praxis von Recht und Gerechtigkeit verbindet, weil Gott selbst Recht und Gerechtigkeit schafft. Nur dieser Glaube schafft dem Gottesvolk Zukunft und Sicherheit.

Paulus verbindet in Röm 9,33 Jes 28,16 mit Jes 8,14 und verschärft so die prophetische Kritik: Der Eckstein, der allem Halt gibt, ist »ein Stein des Anstoßes«. Ähnlich ist das Bild im Ersten Petrusbrief (2,6f.), der das Zitat von Jes 28,16 mit einem Verweis auf Ps 118,22 verbindet: »Der Stein, den die Bauleute verworfen haben, ist zum Eckstein geworden« (vgl. Mk 12,10 parr; Apg 4,11). Im Kontext des Römerbriefes und der paulinischen Theologie kann es keinen Zweifel geben, dass der Apostel Paulus – wie der Erste Petrusbrief – an den gekreuzigten und auferstandenen Jesus Christus denkt. Dass er verkündigt wird, verursacht aus »Eifer für Gott« (Röm 10,2) das Nein der weitaus meisten Juden gegen das Evangelium Gottes; aber dieses Nein irritiert nicht das Ja Gottes zu seinen Verheißungen (2Kor 1,20). Mitten in den Überlegungen des Apostels, wie sich die Erwählung Israels zur Universalität der Mission und wie sich die Verstockung zur endgültigen Rettung Israels verhält, konzentriert er sich auf die Frohe Botschaft, die er zu verkünden gesandt ist, und zitiert an der zweiten Stelle die reine Heilszusage: »Wer glaubt, wird nicht zuschanden.« (Röm 10,11; vgl. 9,33).

d. Auswertung

Die heutigen Methoden der Bibelwissenschaft erlauben es, die Spannungsbögen zwischen den alttestamentlichen Aussagen und den neutestamentlichen Zitaten aufzubauen und durch den Blick auf das zeitgenössische Judentum in ihrer theologischen Bedeutung besser zu erkennen.

Für Paulus und den Jakobusbrief, die explizit im Kontext der Rechtfertigungslehre auf Aussagen der Bibel Israels über Glauben und Gerechtigkeit verweisen, sind die alttestamentlichen Positionen konstitutiv. Die Zitate haben argumentative Bedeutung. Allerdings wird durch das Leben, den Tod und die Auferweckung Jesu im Neuen Testament ein neuer Standpunkt geschaffen, von dem aus die alttestamentlichen Texte in einem neuen Licht gelesen werden. Der Glaube ist durch das Christusbekenntnis qualifiziert, die Gerechtigkeit mit der Rechtfertigung der Getauften verknüpft, die Erfüllung des Gesetzes mit der Liebe, die Verheißung des Bundes mit der Berufung der Völker.

Durch die christologischen Interpretationen im Neuen Testament verlieren die alttestamentlichen Grundaussagen nicht ihre Bedeutung für die christliche Rechtfertigungslehre. Die Fähigkeit der Exegese, zu unterscheiden, eröffnet ihr neue Horizonte. Das Alte Testament ist, auch von einer neutestamentlichen Warte aus betrachtet, ein grundlegender Teil der Heiligen Schrift. Von den alttestamentlichen Ursprungstexten her wird deutlich, dass keine Rechtfertigungslehre an der bleibenden Erwählung Israels und der Gültigkeit des Gesetzes vorbeigehen darf. Dass der Glaube ein Grundvertrauen auf Gott ist, das seinen genuinen Ort im Gottesvolk findet, ist für jede Rechtfertigungslehre *secundum scripturas* wesentlich. Am Beispiel der neutestamentlichen Zitate aus dem Alten Testament zur Begründung der Rechtfertigungslehre zeigt sich beispielhaft, wie eine ökumenische Verständigung durch die Hermeneutik des jüdisch-christlichen Dialoges intensiviert werden kann.

V. Das Neue Testament

1. Einleitung

Das Neue Testament ist die Sammlung des apostolischen Zeugnisses über Jesus Christus und alles, was Gott durch ihn getan hat. Da die Schriften des Neuen Testaments aus verschiedenen apostolischen Traditionen der frühen Christenheit stammen, verkündigen und lehren sie verschiedene Aspekte des Evangeliums von Jesus Christus. Auf den ersten Blick scheint dabei die Lehre von der Rechtfertigung allein aus Glauben nur durch einen schmalen Ausschnitt der neutestamentlichen Schriften vertreten zu werden. Selbst in den Schriften des Paulus behandeln nur die Briefe an die Galater, die Philipper und die Römer dieses Thema.

Das führt zu der Frage, ob es unter Berücksichtigung der Lehre des Neuen Testaments als Ganzem angemessen ist, der Rechtfertigungslehre einen so herausragenden Platz zu geben, wie sie ihn in der Theologie der Reformatoren besitzt und wie er von Katholiken, Lutheraner und Methodisten in der *Gemeinsamen Erklärung zur Rechtfertigungslehre* gemeinsam anerkannt wurde.

Um auf diese Frage eine Antwort zu geben, wird der neutestamentliche Teil dieser Studie seinen Ausgangspunkt bei den Briefen des Paulus nehmen (Kapitel 2), um die Bedeutung und das Gewicht der Theologie der Rechtfertigung zu erkunden. Es ist keine Frage, dass die paulinische Darstellung sowohl den Schlüssel zu einer biblischen Theologie der Rechtfertigung als auch den Ansatzpunkt für die meisten ihrer Deutungen in der Geschichte ihrer Rezeption liefert.

Wir werden dabei auch die Traditionen im Neuen Testament berücksichtigen, die Jesu Wirken und Gottes rettendes Handeln in seinem Tod und seiner Auferweckung bezeugen (Kapitel 3). Aus der Perspektive eines biblischen oder »kanonischen« Ansatzes ist dies die Grundlage der

Verkündigung der Kirche. Die Evangelien und teilweise auch die Briefe des Neuen Testaments sammelten und überlieferten das, was von den Worten Jesu und den Erzählungen über ihn erinnert und weitererzählt wurde. Wir verweisen auf diese Traditionen der Jesusverkündigung unter dem Stichwort »das Evangelium Jesu Christi« und werden fragen, inwieweit wir in ihm die Wurzeln einer Theologie der Rechtfertigung finden können.

Schließlich werden wir noch einige andere theologische Entwürfe im Neuen Testament prüfen, die oft als Kontrastmodelle zur (paulinischen) Theologie der Rechtfertigung angesehen werden (Kapitel 4–6). Stellen sie wirklich Modelle dar, die im Gegensatz zu ihr stehen oder sogar unvereinbar mit ihr sind, oder handelt es sich um alternative Formen, Gottes Gnade, wie sie sich im Evangelium von Jesus Christus offenbart hat, zu formulieren, die die Grundbedeutung der Theologie der Rechtfertigung unterstreichen, ohne ihre Begrifflichkeit zu verwenden?

Mit dieser Frage im Hinterkopf werden wir uns zuerst dem Matthäusevangelium zuwenden, einer erzählerischen Darstellung des Evangeliums von Jesus Christus, die die Beziehung zwischen Jesu Verkündigung des Reiches Gottes, dem Gesetz als Ausdruck des Willens Gottes und der Gerechtigkeit als eschatologischer Erfüllung des rettenden Handelns Gottes für die Menschheit entwickelt (Kapitel 4). Das Johannesevangelium vertritt eine ähnliche Absicht, aber mit verschiedenen theologischen Ansätzen und sprachlichen Mitteln. Obwohl diese sich von Paulus wie von Matthäus unterscheiden, weisen sie doch in die gleiche Richtung (Kapitel 5). Selbst der Jakobusbrief, der oft als Gegenentwurf zur paulinischen Botschaft von der Rechtfertigung gesehen wird, kann als Zeugnis für Gottes Gnade gelesen werden, in dem menschliche Aktivität als Folge des Glaubens an das Evangelium von Jesus Christus verstanden wird (Kapitel 6).

2. Die Theologie der Rechtfertigung bei Paulus

a. Die herausragende Bedeutung der paulinischen Rechtfertigungslehre in ökumenischen Dokumenten

Die kirchliche Lehre von der Rechtfertigung ist entscheidend durch die paulinische Theologie geprägt. An der Verständigung auf eine gemeinsam verantwortete ökumenische Pauluslektüre, die der Botschaft und der Wirkung seiner Theologie gerecht wird, aber auch in der Kritik der

Paulusforschung zu bestehen vermag, entscheidet sich, ob der differenzierte Konsens über die Rechtfertigungslehre eine tragfähige biblische Basis hat.

Status und Verständnis der paulinischen Theologie in der ökumenischen Bewegung

Früher hat man sich oft auf Paulus berufen, um konfessionelle Kontroversen zu führen. Heute wird Paulus neu als eine Gestalt der Ökumene entdeckt, und zwar nicht nur in der Rechtfertigungslehre, sondern auch bei Themen wie Taufe, Eucharistie und Amt. Die paulinische Theologie begründet eine Ökumene, die Unterschiede nicht verschleiert, aber differenzierte Konsense trägt. Denn um in ihrem ganzen Reichtum erkannt zu werden, braucht die »Wahrheit des Evangeliums« (Gal 2,5.15), die nach Paulus in der Frage der Rechtfertigung aus Glauben auf dem Spiel steht, verschiedene Weisen ihrer Bezeugung, die auf einem soliden gemeinsamen Fundament beruhen.

In der amerikanischen Studie »Justification by Faith« (1983) und der deutschen Studie »Lehrverurteilungen – kirchentrennend?« (1986) sowie in den internationalen Studien »Evangelium und Kirche« (1972) und »Kirche und Rechtfertigung« (1994) ist die Rechtfertigungslehre des Apostels Paulus eingehend untersucht worden, um einen differenzierten Konsens zu gewinnen. Die Problemstellungen aus der Zeit der Reformation und ihrer Wirkungsgeschichte nehmen zwar in allen Studien, die der *Gemeinsamen Erklärung* vorausgehen, eine beherrschende Stelle ein und auch sie selbst bezieht sich immer wieder auf dieses Problem und seine Folgen, konstitutiv aber ist für sie alle die Relevanz der paulinischen Theologie. Alle Studien nehmen die Ergebnisse der ökumenischen Paulusforschung auf, wie sie seit der zweiten Hälfte des 20. Jahrhunderts intensiv betrieben worden ist.

Eine der hermeneutischen Leistungen dieser Studien ist die methodische Differenzierung zwischen der Problemkonstellation des 16. Jahrhunderts und der neutestamentlichen Zeit. Es werden nicht nur Unterschiede zwischen Paulus und Luther, sondern auch zwischen Paulus und Trient herausgearbeitet. Diese Differenzierungen zielen nicht darauf, die Legitimität reformatorischer und tridentinischer Rechtfertigungslehre in Frage zu stellen; sie zielen vielmehr auf zweierlei:

- *erstens* auf die jeweilige Aktualität und bleibende Relevanz der lutherischen wie auch der tridentinischen Position, die zwar unterschied-

lich, aber nicht widersprüchlich sind, wenn man ihren Ansatz, ihre Struktur und Intention bedenkt;
- *zweitens* auf die Möglichkeit, den Sinn der Heiligen Schrift und speziell des paulinischen Zeugnisses von seiner ursprünglichen Situation her zu erschließen und für die kirchliche Lehre in ökumenischer Verbundenheit zu nutzen.

Die paulinische Theologie der Rechtfertigung im Spiegel der Gemeinsamen Erklärung zur Rechtfertigungslehre

In der *Gemeinsamen Erklärung zur Rechtfertigungslehre* hat die paulinische Theologie einen vorzüglichen Platz bei der Beschreibung der biblischen Basis der Rechtfertigungslehre (GER 8–12). Angesichts der umfangreichen Vorstudien, auf die sich die *Gemeinsame Erklärung* durchgängig bezieht, sollte und konnte das Kapitel 1 »Biblische Rechtfertigungsbotschaft« knapp bleiben. Mit besonderer Berücksichtigung des Römerbriefes (9) wird erklärt, wie der Apostel »die Gerechtigkeit Gottes aus Glauben zum Glauben« (Röm 1,17) verkündet und die »Rechtfertigung« als Heilsgeschehen verstanden hat (Röm 3,21–31). Die christologische Begründung wird ebenso deutlich wie das Verständnis des Glaubens, die Basis der Lehre in der Heiligen Schrift ebenso wie die Effektivität der Rechtfertigung.

Über den biblischen Befund hinaus ist die paulinische Theologie – explizit und implizit – überall dort präsent, wo in der *Gemeinsamen Erklärung* einerseits die grundlegenden Gemeinsamkeiten der Rechtfertigungslehre beschrieben (14–18), andererseits die bestehenden Unterschiede erklärt und so gewichtet werden, dass sie nicht als kirchentrennend, sondern als ökumenisch verbindend erscheinen. Das gilt für die Bestimmungen des Verhältnisses zwischen der Sünde und der Verantwortung des Menschen (19–21) und zwischen Rechtsprechung und Gerechtmachung (22–24) ebenso wie zwischen Glaube und Gnade (25–27), Gesetz und Evangelium (31–33). Auch die alten Kontroversthemen wie *simul iustus et peccator* (28–30), Heilsgewissheit (34–36) und gute Werke (37–39) werden in Auseinandersetzung mit paulinischer Theologie ökumenisch so behandelt, dass ein differenzierter Konsens sichtbar geworden ist.

Als theologische Pointe ökumenischer Rechtfertigungslehre wird von der *Gemeinsamen Erklärung* in der Form eines Bekenntnisses gesagt, »dass die Rechtfertigung das Werk des dreieinigen Gottes ist ... Gemeinsam bekennen wir: Allein aus Gnade im Glauben an die Heilstat Christi, nicht aufgrund unseres Verdienstes, werden wir von Gott angenommen und empfangen den Heiligen Geist, der unsere Herzen erneuert und uns befähigt und aufruft zu guten Werken.« (15)[1] Diese Interpretation nimmt eine Deutung auf, die im 16. Jahrhundert aktualisiert wurde und bleibend relevant ist. Es bleibt allerdings die Aufgabe, den Grund, das Ziel und den Gehalt der Rechtfertigungslehre bei Paulus selbst zu bestimmen und ökumenisch zu erschließen.

In der *Gemeinsamen Offiziellen Feststellung* stellen beide Seiten übereinstimmend fest, dass keine Lehre der Kirche dem Kriterium der Rechtfertigungslehre widersprechen dürfe. Allerdings wollen einige Stimmen auf katholischer Seite geltend machen, dass sie aus ihrer Tradition eine solche Funktion der Antithese zwischen dem Glauben und den Gesetzeswerken nicht kennen. Aber auch auf lutherischer Seite gibt es Kritiker, die der Auffassung sind, die Bedeutung der Rechtfertigungslehre als *articulus stantis et cadentis ecclesiae* werde in der *Gemeinsamen Erklärung* unterschätzt. An dieser Stelle ist die Exegese gefragt, den Stellenwert der Rechtfertigungslehre beim Apostel Paulus selbst zu bestimmen und mit ihrer Rezeption zu vergleichen, um heute ein begründetes Urteil zu fällen und auf seine ökumenische Tragweite hin zu testen.

b. Die Diskussion der paulinischen Rechtfertigungstheologie in der neueren Exegese

Die Paulusforschung hat seit dem 19. Jahrhundert eine erhebliche Entwicklung durchlaufen. Diese Entwicklung ist sowohl durch das Interesse geprägt, die aktuelle Bedeutung der Rechtfertigungslehre zu entdecken, als auch durch neue Studien zu Paulus selbst, zum Frühjudentum, zum Alten Testament und zu den anderen Traditionen im Neuen Testament. Es kann aber an dieser Stelle nur kurz angedeutet werden, wie sich die gegenwärtige Forschungslage entwickelt hat und welche theologischen Perspektiven sich durch sie neu eröffnen. Die ökumenische Theologie setzt auf die weitere Forschung zu Paulus, ohne sich von einem einzelnen Forschungstrend abhängig zu machen.

---

[1] Zitiert wird: Alle unter einem Christus (1980) 14; in: Harding Meyer u. a. (Hrsg.), Dokumente wachsender Übereinstimmung, Bd. I, Paderborn/Frankfurt a. M. ²1991, 323–328).

Die anthropologische Interpretation der Rechtfertigungsbotschaft im 20. Jahrhundert: Das Modell persönlicher Leistung

Die katholische und evangelische Paulusforschung des 20. Jahrhunderts ist durch wachsende ökumenische Zusammenarbeit bestimmt. Nachdem die katholische Bibelwissenschaft durch die päpstlichen Enzykliken *Providentissimus Deus* (1893) und *Divino Afflante Spiritu* (1943) und durch das Zweite Vatikanische Konzil von restriktiven Bestimmungen befreit worden war, konnte sich eine fruchtbare Zusammenarbeit entwickeln.

Prägend für das Interesse an der Interpretation der paulinischen Rechtfertigungslehre wurde im 20. Jahrhundert insbesondere in Deutschland das Paradigma der Leistung. Der Fokus richtete sich auf die Anthropologie. Als kritische Pointe der Rechtfertigungslehre wurde die Destruktion des religiösen Leistungsdenkens gesehen: Paulus durchkreuze jeden Versuch der Selbstrechtfertigung des Menschen vor Gott mit Verweis auf die religiösen Werke, die er vorzuweisen habe.

Die ökumenische Theologie des 20. Jahrhunderts hat sich von dieser Interpretationsrichtung stark beeindrucken lassen. Sie erlaubte eine Neuentdeckung der Paulusdeutung Luthers, aber auch des Konzils von Trient, das gleichfalls die Heilsfrage des Menschen betonte.

Ein neues Verständnis des frühjüdischen Kontexts der paulinischen Theologie

Die Paulusforschung hat im letzten Drittel des 20. Jahrhunderts nicht zuletzt durch die ökumenische Theologie neue Impulse aufgenommen, die eine große Bereicherung darstellen. Sie eröffnet drei große Möglichkeiten:

- Sie kann die ökumenische Verständigung in der Rechtfertigungslehre mit einer Erneuerung des Verhältnisses zwischen Christentum und Judentum verknüpfen.
- Sie kann die anthropologische Fokussierung der Rechtfertigungslehre für die ekklesiale und missionarische Dimension des Glaubens öffnen.
- Sie kann die Rechtfertigungslehre mit der politischen und sozialen Debatte über Gerechtigkeit und Teilhabe verbinden.

Ein wesentlicher Impuls ging von einer neuen Sicht des Judentums und seiner Bedeutung für die paulinische Theologie aus. Einerseits hat die Berücksichtigung und Bewertung alter und neuer Quellen das Bild des Frühjudentums verändert. In wichtigen Texten erscheint das Judentum nicht als »Leistungsreligion«. Vielmehr gibt es Zeugnisse, die von der Rechtfertigung der Sünder aus Gottes Gnade handeln. Andererseits sind die jüdischen Wurzeln des Paulus und seiner Theologie selbst stärker beachtet worden: Paulus hat sich durch seine Berufung und »Bekehrung« nicht vom Judentum losgesagt, sondern ein neues Verständnis der Heiligen Schrift und der Erfüllung des Gesetzes gewonnen.

Zu den Aufgaben ökumenischer Rechtfertigungstheologie gehört es deshalb, die alttestamentlichen Wurzeln des Paulus und des Christentums zu sehen, Gemeinsamkeiten und Unterschiede zwischen dem christlichen Verständnis der Rechtfertigung und dem Judentum genau zu bestimmen und das Geheimnis der Rettung ganz Israels (Röm 11,26) mit der Hoffnung auf die Rettung der Gerechtfertigten (Röm 5,1–11) zu verbinden.

Ein weiterer Impuls zur Entwicklung der Paulusexegese ging von der Beobachtung aus, welchen »Sitz im Leben« die Rechtfertigungslehre hat. Die soteriologische Grundbedeutung kann nicht in Zweifel gezogen werden. Aber zum einen hat es eine intensive Forschung zur Funktion der Beschneidung und der Gesetzeswerke im Judentum gegeben, die als »identity markers« auch dazu dienten, die Grenze zwischen dem Gottesvolk und den Völkern zu markieren. Zum anderen wird betont, dass die paulinische Rechtfertigungslehre ihre Gestalt und ihr Gewicht sowohl in der Mission unter den Heiden als auch im Ringen um die Einheit der Kirche aus Juden- und Heidenchristen erhalten habe. Zu den Aufgaben ökumenischer Rechtfertigungstheologie gehört es deshalb, die ekklesiale und soziale Dimension der paulinischen Theologie zu erfassen und zu aktualisieren.

Die Kritik der Soteriologie durch politische und kulturelle Interpretationsmodelle

Teile der exegetischen Forschung haben die Kohärenz der paulinischen Rechtfertigungstheologie bezweifelt, sind darin aber ihrerseits auf Kritik gestoßen. Die ökumenische Theologie ist durch diese Debatte vor der Versuchung gewarnt, ein geschlossenes System der Rechtfertigungstheologie zu errichten. Ihre Aufgabe bleibt es, sich am Zeugnis der Schrift zu orientieren und sich am Maßstab der paulinischen Theologie zu messen, die ja in sich durchaus vielschichtig ist.

Andere Forschungen haben eine auf die Theologie fokussierte Paulusdeutung hinterfragt und die sozialen wie politischen Implikationen und Interessen der Rechtfertigungstheologie herausgearbeitet. Der ideologiekritische Impetus dieser Forschung kann der Ökumene helfen, die Rechtfertigungsbotschaft zu konkretisieren, führt sie aber auch dazu, im politischen, kulturellen und sozialen Kontext der Vergangenheit wie der Gegenwart nach dem theologischen Gehalt der Rechtfertigung zu fragen und ihre intendierten und faktischen Wirkungen herauszuarbeiten.

Auf der Suche nach einem neuen Paradigma ökumenischer Exegese: Teilhabe an Christus durch den Glauben

Die Kritik des religiösen Leistungsdenkens bleibt eine wesentliche Aufgabe ökumenischer Rechtfertigungslehre. Die Kritik Martin Luthers an »Werken«, die von Menschen als religiöse Leistungen vor Gott geltend gemacht werden sollen, ist von ungebrochener Aktualität. Das, was Menschen mit Gottes Hilfe tun, um das Gute zu verwirklichen und das Böse zu meiden, kann sie nicht retten, weil das verheißene Heil unendlich größer als jedes Verdienst ist und das Unheil der Sünde zwar klein im Verhältnis zur Gnade (Röm 5,12–21), aber weit größer als das, was Menschen bewältigen können.

Die neuere Paulusforschung zeigt, dass der Apostel die Gnade der Rechtfertigung mit der Teilhabe an der Liebe Gottes und der daraus folgenden Gemeinschaft der Glaubenden verbunden hat. In ersten Studien ist bereits der ökumenische Konsens unter dem Vorzeichen des Partizipationsparadigmas vertieft worden.[2] In unserer ökumenischen Studie machen wir uns nicht von einer bestimmten Schulmeinung der Exegese abhängig, sondern wollen die Kritik, die an der exegetischen Basis der »Gemeinsamen Erklärung« geübt worden ist, nutzen und eine Paulusdeutung mit einer breiteren Perspektive bieten.

---

[2] Vgl. Von Gott angenommen – in Christus verwandelt. Die Rechtfertigungslehre im multilateralen ökumenischen Dialog. Eine Studie des Deutschen Ökumenischen Studienausschusses, hrsg. v. U. Swarat/J. Oeldemann/D. Heller (Beiheft zur Ökumenischen Rundschau 78), Frankfurt a. M. 2006.

c. Theologie des Heils in den Briefen ohne explizite Rechtfertigungslehre

Im Galater-, im Philipper- und im Römerbrief ist die Rechtfertigungslehre zentral. Paulus kann allerdings auch das Evangelium verkünden und vom Glauben wie von Gottes Gnade sprechen, ohne explizit auf die Rechtfertigung der Glaubenden Bezug zu nehmen. Er tut das in einigen seiner Briefe. Das mindert nicht die Bedeutung der Rechtfertigungslehre, sondern zeigt die Weite seiner Theologie, die für die Ökumene große Bedeutung hat.[3]

Der Erste Thessalonicherbrief: Die Theologie der Erwählung

Der Erste Thessalonicherbrief, vermutlich das älteste Schreiben des Apostels, das im Neuen Testament erhalten ist, ist ein starkes Zeugnis für die missionarische Glaubensverkündigung unter den Heiden: Sie sind ins Reich Gottes berufen (1Thess 2,12) und finden deshalb ihren Platz in der »Ekklesia«.

Auch wenn *expressis verbis* weder von der Gerechtigkeit noch von der Rechtfertigung der Gläubigen gesprochen wird, ist der Brief ein charakteristisches Dokument paulinischer Heilsverkündigung mit starken ökumenischen Impulsen. Paulus spricht in diesem Brief mit Nachdruck vom Glauben wie von der Liebe und der Hoffnung, von der Nachahmung Christi, von der Rettung der Gläubigen vor dem Zorngericht Gottes, von der kommenden Auferstehung der Toten und der vollendeten Gemeinschaft mit Jesus Christus. Paulus betont die Heiligung (1Thess 4,1–8) und verkündigt die eschatologische Vollendung des Heils: »Gott hat uns nicht für das Gericht seines Zorns bestimmt, sondern dafür, dass wir durch Jesus Christus, unseren Herrn, das Heil erlangen, der für uns gestorben ist, damit wir, ob wir nun wachen oder schlafen, vereint mit ihm leben.« (1Thess 5,9f.).

Der Erste Korintherbrief: Die Theologie des Kreuzes und der Auferstehung

Der Erste Korintherbrief ist ein Hauptzeuge paulinischer Kreuzes- und Auferstehungstheologie. Sie ist mit einer Theologie des Glaubens und der Gnade, der Heiligung und Christusgemeinschaft, der Taufe und der Eu-

---

[3] Die Gemeinsame Erklärung zur Rechtfertigungslehre hat dies in Nr. 10 kurz angedeutet.

charistie verbunden. Diese Theologie ist ohne eine ausdrückliche Rechtfertigungslehre entwickelt. Sie steht aber keineswegs im Widerspruch zu der Theologie der Rechtfertigung, wie sie in den Briefen an die Römer, Galater und Philipper formuliert wird, sondern in sachlicher Übereinstimmung mit ihr.

Nur ein einziges Mal spricht der Erste Korintherbrief von Gerechtigkeit: »Ihr seid in Christus, der uns Weisheit geworden ist von Gott, und Gerechtigkeit und Heiligung und Erlösung.« (1Kor 1,30) Der Vers bestimmt umfassend, was Christsein bedeutet; er verkündet Christus als Versöhner, der – als Gekreuzigter (1Kor 1,13–25) – die Weisheit Gottes verkörpert und deshalb derjenige ist, der die Menschen heiligt und erlöst, indem er ihnen Gottes Gerechtigkeit zuteilwerden lässt. Von der Rechtfertigung ist in dem Brief gleichfalls nur ein einziges Mal die Rede. Ähnlich wie in 1Kor 1,30 formuliert Paulus in 1Kor 6,11, an die Korinther gewandt: »Ihr seid geheiligt, ihr seid gerechtfertigt im Namen des Herrn Jesus Christus und im Geist unseres Gottes.«

Der Brief beschäftigt sich auch mit dem Gesetz. Paulus sieht seine Freiheit als Apostel in der Bindung an seine Sendung. Sie führt ihn dazu, den »Juden wie ein Jude«, aber auch »denen ohne Gesetz wie einer ohne Gesetz« zu sein, freilich »im Gesetz Christi« gegründet (1Kor 9,20f.). In seinem Auferstehungskapitel schreibt Paulus: »Der Stachel des Todes ist die Sünde, die Kraft aber der Sünde ist das Gesetz.« (1Kor 15,56). Diese dichte Formulierung setzt Reflexionen über die tödliche Macht der Sünde und die Beherrschung des Gesetzes durch die Sünde voraus.

Auch im Ersten Korintherbrief reflektiert Paulus den Glauben als prägende Kraft des ganzen Lebens. Aber er entwickelt das Verständnis des Glaubens nicht aus dem Gegensatz zu Gesetzeswerken, sondern aus dem Gegensatz zur Weisheit der Welt (1Kor 1–2) und zu einem Rühmen, das auf eingebildeter Stärke beruht (1Kor 4). Andererseits gehört die Theologie des Todes Christi und seiner Auferstehung, die Paulus im Galaterbrief (Gal 3) wie im Römerbrief (Röm 6,1–11) pneumatologisch entwickelt, zur christologischen Basis der Rechtfertigungslehre.

Der Zweite Korintherbrief: Die Theologie der Versöhnung

Der Zweite Korintherbrief hat gleichfalls keine entfaltete Rechtfertigungslehre. Aber in 2Kor 5,21 schreibt Paulus über Gott und sein Handeln an Christus: »Er hat den, der die Sünde nicht kannte, für uns zur Sünde gemacht, damit wir in ihm Gottes Gerechtigkeit werden.« Der Apostel spricht von der Stellvertretung Christi, der bis zu seinem Tod für die Sünder eintritt, weil er sich aus Liebe mit ihnen identifiziert, so dass sie »in ihm« der Gerechtigkeit Gottes teilhaftig sind. Das ist der Kerngedanke der Rechtfertigungsbotschaft. Aber Paulus entwickelt ihn hier nicht durch die Antithese von Glaube und Gesetzeswerken, sondern im Horizont einer Theologie der Versöhnung (2Kor 5,11–21). Im Römerbrief wird Paulus sie explizit mit der Theologie der Rechtfertigung verknüpfen (Röm 5).

In 2Kor 3–4 arbeitet Paulus den Zusammenhang und Unterschied zwischen Gesetz und Evangelium heraus. Die Kapitel sind ökumenisch besonders brisant. Sie berühren nicht nur das evangelisch-katholische, sondern auch das jüdisch-christliche Verhältnis. Nach Paulus verbreiten das Gesetz und das Evangelium Gottes Glanz, das eine im Dienst des Mose, das andere im Dienst des Apostels. Beide sind von Gott eingesetzt. Der entscheidende Unterschied besteht darin, dass das Gesetz, das die Sünde verurteilt, den Tod verbreitet, während das Evangelium durch Jesus Christus den Sünder freispricht. Auch diese dialektische Gesetzeskritik stimmt genau zur Rechtfertigungslehre. Das Interesse des Apostels ist es in 2Kor 3–4 aber, die Bedeutung herauszuarbeiten, die der apostolische Dienst im Zuge des eschatologischen Heilshandelns Gottes gewinnt. Dies hinwiederum zielt auf die Partizipation der Gläubigen am Heil Gottes, das ihnen durch die Verkündigung des Evangeliums zuteilwird. Wer im Glauben Jesus als Herrn erkannt hat, spiegelt die Herrlichkeit Gottes wider (2Kor 4,4–6).

Zusammenfassung

Paulus kann seine Theologie nicht verkünden, ohne von der schöpferischen Gnade Gottes zu handeln, von der Gemeinschaft mit Jesus Christus, vom Wirken des Geistes, vom rettenden Glauben und von der Kritik menschlichen Selbstruhmes. Aber er kann es durchaus, ohne explizit von der Rechtfertigung der Glaubenden zu handeln.

Mit dem Hinweis auf die Breite theologischer Motive und den Reichtum der theologischen Sprache bei Paulus ist die Frage nach dem spezifischen Gewicht und Gehalt der Rechtfertigungslehre aber noch nicht beantwortet. Vielmehr zeigt sich für die Ökumene am Befund der Paulusbriefe zweierlei:

- In der Theologie verschiedener Konfessionen kommt es, auch wenn man paulinische Maßstäbe anlegt, nicht in erster Linie darauf an, ob die Sprache, sondern ob die Sache der Rechtfertigung bezeugt wird.

Hier ergeben sich viele Möglichkeiten, aus dem großen Reservoir paulinischer Theologie zu schöpfen, ohne dass eine Redeweise gegen die andere ausgespielt wird. Die ökumenische Theologie bietet eine hervorragende Chance, im Dialog die Weite der paulinischen Gnaden- und Glaubenstheologie zu entdecken.

- In der Theologie verschiedener Konfessionen kommt es auch darauf an, ob sie auf ihre Weise die kritische und konstruktive Funktion der expliziten Rechtfertigungslehre aufnehmen. Hier spielt die Paulusexegese eine Schlüsselrolle. Die ökumenische Theologie hat durch den Vergleich unterschiedlicher Traditionen eine hervorragende Möglichkeit, ein differenziertes Urteil zu begründen, das die Einheit im Glauben stärkt.

d. Der »Sitz im Leben« der paulinischen Rechtfertigungstheologie

Die Rechtfertigungstheologie des Apostels ist keine Lehre, die als Theorie der Erlösung ersonnen worden wäre; sie reflektiert vielmehr die Erfahrung und Praxis des Glaubens, die missionarische Sendung und das Ringen um Gemeinschaft in der Kirche. Die Rechtfertigungslehre ist im Kern Auslegung des Christusgeschehens. Sie hat eine kriterielle Funktion, weil sie in der Rede von Gott und seinem Heilshandeln zwischen Wahrheit und Irrtum, Heuchelei und Echtheit unterscheidet.

Die Rechtfertigungslehre entwickelt ihre kriterielle Funktion in Konstellationen und Konflikten, die grundlegende Bedeutung haben. Drei typische Konstellationen sollen kurz angesprochen werden:

- der menschliche Schrei nach Erlösung,
- die Mission unter Juden und Heiden,
- die Einheit und Gemeinschaft der Kirche.

Die Notwendigkeit der Rettung

»Ich elender Mensch, wer wird mich aus diesem Leib des Todes retten?« (Röm 7,24) - diese Frage wird von Paulus gestellt und durch seine Botschaft von der Rechtfertigung der Glaubenden beantwortet.

Paulus arbeitet die Notwendigkeit der Rettung heraus. Seine Rechtfertigungslehre zeigt die tödliche Macht der Sünde. Selbst die Juden, denen das Gesetz geschenkt ist, müssen die Übertretungen bekennen, die sie begangen haben; die Heiden haben zwar die Stimme ihres Gewissens, folgen ihr aber immer wieder nicht (Röm 2). Auch in scheinbar harmlosen Fehlern zeigt sich die Grundsünde des Begehrens; Paulus zitiert das Verbot aus dem Dekalog (Röm 7,7; vgl. Ex 20,17; Dtn 5,21) und bezieht es auf die Ursünde Adams, seinen Ungehorsam gegen Gott (Gen 3,5; vgl. Röm 5,12–21). Nur Gott selbst kann den Tod besiegen, den die Sünde verursacht.

Paulus verkündet die Möglichkeit und Wirklichkeit der Rettung durch den Glauben. Gott ist barmherzig; er hat Jesus Christus als Retter gesandt. Das wird im Glauben bejaht. Ihre kriterielle Funktion erfüllt die Rechtfertigungslehre sowohl in der Kritik eines Heilsvertrauens auf das Gesetz als auch in der Orientierung des gesamten Lebens an den Früchten des Geistes (Gal 5,22f.).

Die Mission

Im Galaterbrief verteidigt und profiliert Paulus die Rechtfertigungsbotschaft angesichts der Kritik von Gegnern, die behaupten, dass Heiden ohne Beschneidung nicht Mitglieder des Gottesvolkes sein könnten (Gal 2). Eine ähnliche Konstellation steht nach Lukas hinter dem so genannten »Apostelkonzil«; christlich gewordene Pharisäer behaupten: »Man muss sie beschneiden lassen und sie anleiten, das Gesetz des Mose zu halten« (Apg 15,5). Paulus musste auf diese Kritik nicht nur antworten, um die Effektivität der Heidenmission zu sichern, sondern auch, um der grundlegenden Heilsbedeutung des Christusgeschehens und der Zugehörigkeit zum Leib Christi gerecht zu werden (1Kor 12,12f.). Der Römerbrief ist mit seiner ausgebauten Rechtfertigungslehre eine theologische Programmschrift der Völkermission (Röm 1,8–17; 15,14–29). Die These, dass nicht die Werke des Gesetzes, sondern der Glaube an Jesus Christus rechtfertigen, begründet die Mission unter den Heiden. Auf diese Weise steht die Rechtfertigungsbotschaft im Dienst des universalen Heilswillens Gottes.

Auf dem »Apostelkonzil« (vgl. Gal 2,1–10; Apg 15) ist die kriterielle Bedeutung der Rechtfertigungslehre auch von der Urgemeinde in Jerusalem anerkannt und zur Geltung gebracht worden. Lukas erwähnt eigens die Apostel und Presbyter dort, Paulus speziell die drei »Säulen« Jakobus, Kephas (Petrus) und Johannes. Mit der Position der Paulusgegner, dass zusätzlich zum Glauben Gesetzeswerke, voran die Beschneidung, verlangt werden müssen, lässt sie sich nicht vereinbaren. Nach Paulus und – mit etwas anderen Akzenten – nach Lukas ist die Legitimität der

Heidenmission anerkannt worden, weil man in ihr ein Werk des Geistes gesehen hat. Gegen diesen Grundsatz verstoßen nach Lukas die Jakobusklauseln nicht (Apg 15,19f.28f.), die (mit stillem Rückgriff auf Lev 17–18) den Heiden um der Einheit mit den Judenchristen willen gewisse Minimalvorschriften machen, zu denen es jüdische Parallelen gibt.

Das Ringen um Gemeinschaft

Auf dem »Apostelkonzil« ist nach Paulus nicht nur die »Freiheit« der Völkermission begründet (Gal 2,4), sondern auch per Handschlag die »Koinonia« der Apostel besiegelt worden. Dieser Handschlag ist die wichtigste Ikone der ökumenischen Bewegung geworden. Sie basiert auf der Grundübereinstimmung im Evangelium, das durch die Rechtfertigungsbotschaft in seiner glaubenspraktischen Bedeutung gesichert wird.

Die Koinonia der Apostel ist durch die Koinonia mit Jesus Christus begründet (vgl. 1Kor 10,16f.): Weil sie auf der Gemeinschaft mit Jesus Christus beruht, beruht die Gemeinschaft der Apostel auf dem Glauben und der ihm innewohnenden Praxis. Umgekehrt wäre ein Dissens in der Rechtfertigungslehre ein untrügliches Zeichen, dass das Verhältnis zu Jesus Christus, dem einen Kyrios, gestört ist.

Die Koinonia der Apostel bedeutet keine Uniformität. Paulus beschreibt vielmehr, dass es zwei verschiedene Grundformen der Mission gibt: unter den Juden und unter den Heiden (Gal 2,9). Die verschiedenen Wege treiben die Kirche nicht auseinander, sondern zeigen die Weite des Glaubens, die Vielfalt der Praxis und die Fähigkeit zur Anerkennung anderer und ihres Weges auf dem Boden der Rechtfertigungslehre.

Im Anschluss an das Apostelkonzil berichtet Paulus vom Konflikt in Antiochia mit Petrus, aber auch mit Barnabas und allen anderen Judenchristen (Gal 2,11–14), die sich nach einer Intervention von Leuten des Jakobus von der Tischgemeinschaft mit den Heidenchristen zurückgezogen haben. Davon war wahrscheinlich auch die Eucharistiegemeinschaft tangiert. Paulus hält Petrus Heuchelei vor, weil er nicht dem rechten Weg »zur Wahrheit des Evangeliums« folge (Gal 2,14). Seine Kritik begründet Paulus mit der Einsicht, dass nicht die Werke des Gesetzes rechtfertigen, sondern der Glaube an Jesus Christus (Gal 2,15f.). Aber das Ziel des Streits ist nicht die Trennung, sondern die Einheit. Deshalb formuliert Paulus die Rechtfertigungsthese in der 1. Person Plural von einem judenchristlichen Standpunkt aus. Er appelliert an das Glaubenswissen, das Petrus an sich teilen müsste, in diesem Fall aber missachtet habe. Aus der Sicht des Paulus, die der Kanon dokumentiert, bewährt sich die Rechtfertigungslehre im Konflikt. Sie begründet die Einheit von Judenchristen und Heidenchristen in der Kirche. Sie ist keine paulinische Speziallehre, sondern eine gemeinsame Grundeinsicht der Apostel in die Wahrheit des Evangeliums, wiewohl diese Wahrheit immer wieder erkannt werden muss, auch im Streit.

e. Grundlegende Texte der Rechtfertigungstheologie

Im Römer-, im Galater- und im Philipperbrief formuliert Paulus explizit und antithetisch die Lehre von der Rechtfertigung durch den Glauben. In diesen Texten wird der Kern der Rechtfertigungslehre sichtbar. Ihr Inhalt und ihr Kontext zeigen, was die explizite Rechtfertigungslehre ausmacht und worin sie sich von anderen, gleichfalls wesentlichen Ausdrucksformen des Glaubens unterscheidet.

Die paulinische Theologie der Rechtfertigung ist die soteriologische Interpretation des Christusereignisses. Es ist Paulus wichtig, zu zeigen, dass die Botschaft von der Rechtfertigung sich auf das Zeugnis der Heiligen Schrift gründet. Gen 15,6 (vgl. Röm 4,3.9.22; Gal 3,6), Hab 2,4 (Röm 1,17; Gal 3,11) und Jes 28,16 (Röm 9,33; 10,11) sind für ihn die wichtigsten Texte der Schrift, weil sie Glauben und Rechtfertigung miteinander verbinden. Aber es sind nicht nur diese Texte wichtig, die einen »Schriftbeweis« liefern; die Theologie der Rechtfertigung beruht auf dem Gesamtzeugnis der Schrift. In seinen Ausführungen zu Gesetz und Werken, Sünde und Erlösung, Glaube und Liebe beruft sich Paulus immer auf das Gesetz und die Propheten. In den paulinischen Briefen sind die Schriftzitate echte Argumente und nicht nur Ausschmückungen.

Es ist offensichtlich, dass Paulus die Schrift aus einer christologischen Perspektive heraus liest. Es ist auch klar, dass er die Schrift auf eine besondere Weise versteht. Denn es ist die Schrift, also unser Altes Testament, die als Ganze das theologische Fundament für seine Argumentation bietet.

All diese für Paulus wesentlichen Schrifttexte handeln von der Heilsbedeutung des Glaubens. Der Gegensatz zu den »Werken des Gesetzes« ist charakteristisch paulinisch. Der Apostel gewinnt ihn aus seiner Exegese der Schrift, die er »in Christus« treibt. In dieser christologischen Perspektive erschließt sich ihm auch, was der rechtfertigende Glaube ist.

Die Kerntexte der Rechtfertigungslehre, die wir unten in ihrer kanonischen Reihenfolge vorstellen werden, gehören zu einem dichten Netzwerk theologischer Motive, Gedanken und Aussagen. Dieses Netzwerk verbindet den Römer-, Galater- und Philipperbrief eng mit den übrigen

Paulusbriefen und anderen Traditionen im Neuen Testament. Sie zeigen, welchen Ort und welchen Zusammenhang die Rechtfertigungsaussagen bei Paulus haben.

Römer 3,28 und Parallelen

Im Römerbrief schreibt Paulus schon bei seiner Themenangabe, dass im Evangelium Gottes Gerechtigkeit offenbart werde als jene Kraft, die alle Glaubenden rettet (Röm 1,16f.). Nachdem der Apostel in Röm 1,18-3,20 den gerechten Zorn Gottes über die Sünde von Juden und Heiden aufgewiesen hat, begründet er die Rechtfertigung der Glaubenden im stellvertretenden Sühnetod Jesu (Röm 3,21-26). Aus dem christologischen Heilsgeschehen folgert er die Heilswirkung des Glaubens: »Wir halten dafür, dass der Mensch durch den Glauben gerechtfertigt wird, ohne Werke des Gesetzes.« (Röm 3,28). Es folgt ein Argument mit Verweis auf das alttestamentliche Hauptgebot (Dtn 6,4f.): Wenn Gott der Eine ist, ist er nicht nur »Gott der Juden, sondern auch der Heiden«. Dann kann er aber auch nicht unterschiedliche Maßstäbe der Rechtfertigung ansetzen, sondern bei allen gilt: nicht aus Werken des Gesetzes, sondern aus dem Glauben (Röm 3,27-31).

In seiner Übersetzung von Röm 3,28 hat Martin Luther das Wort »allein« eingeführt: »ohne des Gesetzes Werke, allein durch den Glauben«. Das lässt sich als eine Akzentuierung verstehen, die das reformatorische Grundprinzip *sola fide* an den Paulustext rückbinden kann. Wie in der *Gemeinsamen Erklärung zur Rechtfertigungslehre* festgestellt, kann auch katholische Theologie das *sola* (allein) als Ausdruck des gemeinsamen Verständnisses und der Verdeutlichung akzeptieren. Der Glaube, der »allein« rechtfertigt ist der Glaube, der durch Liebe tätig ist (Gal 5,6).

Paulus kommt später im Brief mehrfach auf diese Kernaussage zurück:

- Über Abraham schreibt er: »Dem, der nicht Werke vollbringt, sondern an den glaubt, der den Gottlosen rechtfertigt, wird der Glaube zur Gerechtigkeit angerechnet.« (Röm 4,5; vgl. 4,13.16). Ähnlich schreibt Paulus im Blick auf David: »Gott rechnet die Gerechtigkeit ohne Werke an« (Röm 4,6). Zum Abschluss appliziert Paulus die Abrahamsgeschichte auf alle Gläubigen: »Nicht allein um seinetwillen ist geschrieben, dass er ihm angerechnet wurde, sondern auch um unseretwillen, denen er angerechnet werden wird, die an Jesus glauben, unsren Herrn« (Röm 4,23f.).

- In den Israel-Kapiteln (Röm 9-11) schreibt der Apostel über die Erwählung: »nicht aus Werken, sondern durch den, der beruft« (Röm 9,12). Von den Christen sagt Paulus: »Wer mit dem Herzen glaubt und mit dem Mund bekennt, wird Gerechtigkeit und Heil erlangen.« (Röm 10,10; vgl. 11,16).
- Auch der Gegensatz zwischen der »eigenen Gerechtigkeit« und der »Gerechtigkeit Gottes« (Röm 10,3; Phil 3,9) sowie der »Gerechtigkeit aus Werken« und der »Gerechtigkeit aus Glauben« (Röm 9,32; vgl. 9,30f.; 10,5f.) gehört zur Ausführung von Röm 3,28.

Galater 2,15-16

Im Galaterbrief schließt Paulus die Rechtfertigungsthese an seinen Bericht über den antiochenischen Konflikt an. Er formuliert sie um der »Wahrheit des Evangeliums« willen, von der Petrus abgewichen sei (Gal 2,14). Er begründet mit ihr die »Freiheit« des Glaubens, die er gegenüber der Kritik an der Völkermission verteidigt, die nicht auf die Beschneidung und die Werke des Gesetzes verweist, sondern auf den Glauben und die Taufe. Er formuliert in der 1. Person Plural, um den Galatern zu signalisieren, dass es in der Rechtfertigungstheologie zwischen ihm und Petrus keinen Dissens, sondern Konsens gibt: »Wir, von Geburt an Juden und nicht Sünder aus den Heiden, wissen doch, dass der Mensch nicht durch Werke des Gesetzes gerechtfertigt wird, sondern durch den Glauben an Christus Jesus und sind zum Glauben an Christus Jesus gelangt, damit wir aus dem Glauben an Jesus Christus gerechtfertigt werden und nicht aus Werken des Gesetzes; denn aus Werken des Gesetzes wird kein Fleisch gerechtfertigt.« (Gal 2,15f.). Der Schluss spielt auf Ps 143,2^LXX an und unterstreicht so, dass für Paulus die Rechtfertigungstheologie dem Zeugnis der Schrift entspricht.

Die Rechtfertigungslehre entfaltet Paulus im gesamten Brief mit verschiedenen Argumenten. Sie zeigen die theologische Basis der Rechtfertigung im stellvertretenden Heilstod Christi (Gal 3,13f.); sie handeln von der geisterfüllten Heilswirksamkeit des Glaubens (Gal 3,1-18); sie bestimmen die theologische Bedeutung des Gesetzes (Gal 3,19-25); und sie erhellen die Praxis des Glaubens in der Liebe (Gal 5). Im Galaterbrief hat die Rechtfertigungslehre polemische Spitzen. Das hat zur Folge, dass sowohl die personale als auch die missionarische und ekklesiale Bedeutung der Rechtfertigungsbotschaft scharf herausgearbeitet wird.

PHILIPPER 3,4–11

Im Philipperbrief lauten die Kernsätze:

> »Wenn ein anderer meint, aufs Fleisch vertrauen zu können, ich noch viel mehr, der ich am achten Tag beschnitten wurde, aus dem Volk Israel bin, vom Stamm Benjamin, Hebräer von Hebräern, nach dem Gesetz Pharisäer, nach dem Eifer Verfolger der Kirche, nach der Gerechtigkeit im Gesetz untadelig. Doch was mir Gewinn gewesen, das habe ich um Christi willen für Verlust erachtet. Ja, tatsächlich halte ich all das für Verlust um der überragenden Erkenntnis Christi Jesu willen, meines Herrn, dessentwegen ich alles verloren gebe und es einen Dreck achte, damit ich Christus gewinne und in ihm erfunden werde, so dass ich nicht mehr meine eigene Gerechtigkeit habe, die aus dem Gesetz, sondern die durch den Christusglauben, die Gerechtigkeit aus Gott über den Glauben.« (Phil 3,4–9)

Die Wahrheit der Rechtfertigungsbotschaft macht Paulus in Phil 3 an seiner Berufung zum Apostel und seiner Bekehrung vom gewalttätigen Verfolger der Christen zum Verkündiger des Evangeliums fest. Entscheidend ist die »Erkenntnis Christi Jesu« (Phil 3,9f.); es ist eine Erkenntnis des Glaubens, die aus der Offenbarung Jesu Christi folgt (vgl. Gal 1,13–16). Die Rechtfertigung führt zu einem grundlegend neuen Verständnis der Gerechtigkeit Gottes und der eigenen Gerechtigkeit: Die Rechtfertigung erfolgt nicht durch das Gesetz, auch wenn Paulus sich bescheinigen kann, ein untadeliges Leben des Gehorsams gegen Gottes Gebot geführt zu haben. Die Gerechtigkeit Gottes hingegen, die rettet, stammt aus dem Christusglauben. Dieser Glaube führt zur Gemeinschaft mit Jesus Christus: zur Gestaltung des Lebens von seinem Tod und seiner Auferstehung her.

F. RECHTFERTIGUNG ALS HEILSGESCHEHEN BEI PAULUS

Die Rechtfertigung ist das Geschehen der Erlösung, die sich in der Zukunft vollendet, die Gegenwart aber schon bestimmt. Seine Dimensionen werden von den expliziten Formulierungen der Rechtfertigungslehre in den Briefen präzise angesprochen und von Paulus im Kontext entfaltet.

Der Streitpunkt, ob ein forensisches oder ein effektives Verständnis der Rechtfertigung dominiert, kann im Licht der neueren Paulusforschung als im Ansatz überwunden gelten.

Das Gericht hat eine große Bedeutung im Rechtfertigungsgeschehen. Auf Gottes Freispruch richtet sich alle Hoffnung. Aber was für das Endgericht verheißen wird, bestimmt bereits die Gegenwart; Gottes Wort hat schöpferische Kraft.

Die Rechtfertigung ist ein Geschehen, das allein auf Gott zurückgeht: auf seinen Willen und sein Wort. Es ereignet sich schon jetzt aufgrund des Glaubens im Vorgriff auf den Freispruch im eschatologischen Gericht.

Gottes Gerechtigkeit und die Rechtfertigung der Glaubenden

Im Römerbrief entwickelt Paulus die Theologie der Rechtfertigung als eine Theologie der Gerechtigkeit Gottes. Übereinstimmung herrscht, dass die »Gerechtigkeit Gottes«, von der Paulus spricht, nicht jene ist, die er von den Menschen einfordert, sondern jene, die er den Menschen erweist, indem er sie rechtfertigt. Das hat Martin Luther an der Auslegung von Röm 1,16f. neu entdeckt. Diese Überzeugung findet sich im Ansatz auch bei Augustinus und Thomas von Aquin; sie ist ähnlich auf dem Konzil von Trient ausgedrückt worden.

Unzweideutig ist die Treue Gottes zu seinen Verheißungen ein Wesensmerkmal seiner Gerechtigkeit, wie Paulus sie versteht. »Gott ist treu« (1Kor 1,9; 10,13; 2Kor 1,18; 1Thess 5,24; vgl. 2Thess 3,3). Er steht zu seinem Wort. Er macht seine Verheißung wahr. Diesen theologischen Grundsatz, der tief im Gesamtzeugnis der Heiligen Schrift verwurzelt ist, konkretisiert Paulus in seiner Rechtfertigungslehre vor allem an zwei Punkten.

Gott erfüllt durch Jesus Christus (Röm 15,8) die Abraham gegebene Verheißung, ein Segen für alle Völker zu sein, indem er die Glaubenden rechtfertigt, Juden wie Heiden – so wie auch Abraham selbst sein Glaube als Gerechtigkeit angerechnet worden ist (Gen 15,6 – Röm 4,3.9.22; Gal 3,6; vgl. Jak 2,23).

In den Israel-Kapiteln des Römerbriefes (9–11) schreibt Paulus: »Gott reut seine Gnade und Berufung nicht.« (Röm 11,29). Deshalb besteht Grund zur Hoffnung auf die Rettung ganz Israels (Röm 11,26). Gerecht ist diese Verheißungstreue Gottes insofern, als er verlässlich ist und den Menschen die Wahrheit offenbart.

Strittig ist, ob Gott auch in dem Sinn »Gerechtigkeit« walten lässt, dass er jedem das gibt, was ihm zusteht. Das scheint der Gnade Gottes und der Vergebung der Sünden zu widersprechen. Die Frohe Botschaft besteht ja aber gerade darin, dass Sünder und Gottlose auf ihren Glauben hin gerechtfertigt werden. Allerdings redet auch Paulus von Gottes Zorn und Gericht. In Röm 1,18–3,20 macht Paulus geltend, »dass Gottes Zorn vom Himmel her offenbart wird über alle Gottlosigkeit und Ungerechtigkeit der Menschen, die die Wahrheit durch Ungerechtigkeit unterdrücken« (1,18). Der Zorn Gottes ist seine Reaktion auf die Sünde, die aber durch Gottes Gerechtigkeit überwunden wird (Röm 1,16f.; 3,21–26). Deshalb ist der Tag des Gerichts Teil des Evangeliums, das von Paulus verkündigt wird (Röm 2,5–16). Während Röm 2 von Juden und Heiden spricht, denken andere paulinische Texte eindeutig an Christen. Durch den Glauben gerechtfertigt werden alle Gläubigen »vor dem Richtstuhl Gottes stehen«, um vor Gott über sich Rechenschaft zu geben (Röm 14,10–12; vgl. 2Kor 5,10). Sie müssen über ihre Taten Rechenschaft ablegen und erwarten Lohn oder Strafe. Und dennoch sind sie voll Hoffnung, weil sie die Verheißung Gottes haben (1Kor 3,12–15; 4,4f.; weiter Röm 12,19, vgl. Dtn 32,35). Durch das Gericht wird die Gnade Gottes nicht außer Kraft gesetzt (Röm 8,1f.). Nach Paulus erweist die Gnade die Gerechtigkeit Gottes,

- weil Jesus Christus stellvertretend das Urteil, das den Sündern den Tod zuspricht, auf sich nimmt (Röm 3,21–26),
- und weil durch das Geschehen der Rechtfertigung der Mensch, aus der Entfremdung der Sünde befreit, zu sich selbst kommt: als Ebenbild Gottes, als geliebter Bruder und geliebte Schwester Jesu Christi (Röm 8,28–31).

Rechtfertigung durch Gottes Gnade

»Gerechtfertigt werden sie geschenkweise in seiner Gnade durch die Erlösung in Christus Jesus.« Das schreibt Paulus von den Sündern im theologischen Zentrum des Römerbriefs (Röm 3,24). Im Galaterbrief schreibt Paulus zum Abschluss seiner ersten Begründung der rechtfertigungstheologischen Antithese zwischen dem Christusglauben und den Gesetzeswerken: »Ich weise die Gnade Gottes nicht ab; denn wenn die Gerechtigkeit durch das Gesetz käme, wäre Christus umsonst gestorben.« (Gal 2,21).

Paulus betont Gottes Gnade aus verschiedenen Gründen:

- Kein Mensch hat ein Anrecht auf Rechtfertigung und Rettung. Wegen der Größe der Schuld und der überfließenden Größe des Heils kann nur Gott selbst der Retter sein.

- Gott handelt in der Rechtfertigung der Glaubenden nicht willkürlich. Vielmehr, indem er die Glaubenden rechtfertigt, verwirklicht Gott seinen Heilsplan. Dieser ist von Gottes unverbrüchlicher Liebe zu den Menschen bestimmt, auch wenn die sich als seine Feinde aufführen. In dieser Liebe wendet Gott sich den Menschen zu und beschenkt sie mit seinem Heil. Das ist der Kern seiner Gnade.

In Röm 5,12–21 arbeitet Paulus mit Blick auf Adam und Christus das qualitative Missverhältnis zwischen Schuld und Gnade heraus: So schlimm die Sünde der Menschen auch ist, ungleich größer ist Gottes Gnade. Sie ist eine neue Schöpfung (Gal 6,15; vgl. 2Kor 5,17). Rechtfertigung ist eine wirkliche Erneuerung des Menschen, die der Geist Gottes bewirkt (vgl. Röm 7,1–6).

Zwischen Rechtfertigung aus Glauben und Rechtfertigung durch Gnade besteht ein innerer Zusammenhang. Im Abrahamkapitel des Römerbriefes formuliert Paulus den Grundsatz: »Deshalb gilt: ›aus Glauben‹, damit auch gilt: ›aus Gnade‹« (Röm 4,16; Einheitsübersetzung). Die Kehrseite beleuchtet er in Röm 11,6: »Wenn Gnade, dann nicht aus Werken; sonst wäre die Gnade nicht Gnade.« Dass Gott den Sünder aufgrund des Glaubens rechtfertigt, obwohl weder die Sünde ungeschehen gemacht noch die Schuld restlos wieder gutgemacht werden kann und kein Menschen der Unheilsmacht der Sünde zu widerstehen vermag, ist reine Gnade. Dass nicht die »Werke des Gesetzes«, sondern der Glaube rechtfertigt, bringt gerade das Prinzip der Gnade zur Geltung. Wenn Paulus von Lohn redet, dann fügt er hinzu: »aus Gnade« (Röm 4,4), um auszuschließen, dass Gott nach menschlichen Maßstäben vergilt, und einzuschließen, dass Gott das ewige Leben verheißt.

Die Theologie der Gnade bewegt Paulus dazu, von einer – missverständlich so genannten – »Mitwirkung« des Menschen zu sprechen. Das ist eines der von der *Gemeinsamen Erklärung zur Rechtfertigungslehre* eingehend diskutierten Probleme im ökumenischen Gespräch. Von Paulus her wird klar, dass nicht gemeint ist, zum Handeln Gottes müsse ein Handeln der Menschen hinzutreten, damit Heil geschehen könne. Vielmehr ist allein Gott derjenige, der aus Gnade in der Rechtfertigung handelt. Aber durch seine Gnade werden das Handeln, die Verantwortung, der Glaube der Menschen nicht ausgeschlossen, sondern eingeschlossen. Der Mensch wird ja durch die Rechtfertigung befreit. Deshalb ist »mit« eine wichtige Präposition in der paulinischen Rechtfertigungslehre.

Grundlegend ist das, was Gott durch Jesus »mit« den Glaubenden macht: Sie werden »mit« Christus in der Taufe »auf seinen Tod begraben« (Röm 6,4) und »mit ihm gekreuzigt« (Röm 6,6), um »mit« ihm zu leben (Röm 6,8; vgl. Röm 8,17). In diesem »Mit« ereignet sich das »Für uns« Gottes wie Jesu Christi (Röm 8,31–39). Es bezieht sich primär auf die futurische Vollendung (1Thess 5,9f.), von dorther aber auch auf die Heilsgegenwart.

Aus dem, was Gott grundlegend und fortwährend durch Jesus »mit« den Glaubenden macht, ergibt sich, was sie »mit« ihm machen. Ein Beispiel dafür ist der spezifische Dienst des Apostels (1Kor 3,9, 15,10; 2Kor 6,1); ein anderes das Handeln der versammelten Gemeinde in der Kraft des Geistes (1Kor 5,4).

Im Rückgang auf die paulinische Gnadentheologie lässt sich die Berechtigung der Kritik an solchen Modellen der *cooperatio* erkennen, die auf eine Moralisierung des Heils hinauslaufen. Die Berufung auf die paulinische Theologie der Gnade zeigt aber auch die Berechtigung eines Denkens auf, das die Gnade Gottes so stark betont, dass Gott den Menschen in sein Heilshandeln einbezieht.

Rechtfertigung in Christus

So, wie die Rechtfertigung in Gottes Gnade begründet ist, geschieht sie »in Christus« (Röm 3,24; Gal 2,17; 5,6; vgl. Röm 6,11.23; 8,1f.39; Gal 2,4; 3,26–28; 6,15). Das »In Christus Sein« ist ein Leitmotiv der paulinischen Theologie, das auch in Briefen prägend ist, die keine Rechtfertigungstheologie zur Sprache bringen. »In Christus« zu sein, bedeutet bei Paulus nicht nur, »um Christi willen« gerechtfertigt zu werden, sondern auch, mit ihm in einer lebendigen Beziehung des Glaubens zu stehen, die von der Liebe Jesu Christi geprägt ist. Das »In Christus« unterstreicht, dass die Rechtfertigung, die Paulus verkündet, kein Vorgang ist, der äußerlich bleiben könnte, sondern ein Heilsgeschehen, das den ganzen Menschen von innen heraus mit der Liebe Gottes verbindet, die ihm durch Jesus Christus zuteil wird.

Im Galaterbrief macht Paulus seine gesamte Glaubenserfahrung an der Liebe Jesu Christi fest: »Mit Christus bin ich gekreuzigt, und ich lebe, aber nicht ich, in mir lebt Christus; das Leben aber, das ich noch im Fleisch lebe, lebe ich im Glauben an den, der mich geliebt und sich für mich dahingegeben hat.« (Gal 2,19f.). Im Römerbrief zeigt Paulus die wesenhafte innere Verbindung von Liebe Gottes und Liebe Jesu Christi auf, die zur Rechtfertigung der Glaubenden und ihrer Hoffnung auf Rettung führt (Röm 8,31-39). In Röm 5,1-11 macht Paulus die Feindesliebe Gottes daran fest, dass Jesus, sein Sohn, den er dahingegeben hat, »für uns« gestorben ist, als »wir noch schwach ... und gottlos« waren (Röm 5,6). Durch die Auferweckung Jesu von den Toten wird diese Liebe nicht Vergangenheit, sondern bleibende Gegenwart. Denn in derselben Liebe, in der Jesus sein Leben für die Rechtfertigung der Glaubenden hingegeben hat (vgl. Röm 4,25), tritt er zur Rechten Gottes »für« sie ein (Röm 8,34). Alle, die glauben, sind »in Christus«, weil Christus und der Geist »in« ihnen sind (Röm 8,11f.)

Rechtfertigung und Taufe

Sowohl der Galaterbrief als auch der Römerbrief verweisen im Kontext der Rechtfertigungslehre auf die Taufe (Gal 3,26-28; Röm 6,1-11). Für Paulus besteht kein Gegensatz zwischen der Rechtfertigung der Glaubenden und der Heilswirkung der Taufe, sondern ein innerer Zusammenhang. Denn der Glaube begehrt die Taufe und wird durch sie genährt; die Taufe vermittelt die Gnade Gottes durch den Glauben.

Durch die Verbindung mit der Taufe kommt die Kirchlichkeit des Rechtfertigungsgeschehens zum Ausdruck. Einerseits ist die Taufe sowohl Vergebung der Sünden als auch Eingliederung in den Leib der Kirche (1Kor 12,13-27) und Verbindung mit Christus (Gal 3,26-28). Andererseits ersetzt sie die Beschneidung als Initiationssakrament. Die Antithese zwischen dem Glauben und den Werken des Gesetzes ist gegen die Verpflichtung auf die Beschneidung gerichtet, deren Konsequenz die Verpflichtung auf eine umfassende Gesetzesobservanz wäre (Gal 5,3).

Rechtfertigung und neues Leben im Geist

Der Heilige Geist inspiriert und motiviert die Gläubigen, als Gerechtfertigte in der Gemeinschaft der Kirche zu leben und das Wort Gottes in ihrem Leben zu bezeugen. Der Friede mit Gott ist eine Frucht des Geistes (Röm 8,6). Im Geist wird Gottes Liebe in die Herzen der Gläubigen ausgegossen (Röm 5,5). Sie leben als Menschen, die Gott mit sich versöhnt hat (2Kor 5,17-21).

Die Rechtfertigung der Glaubenden meint ihre Einsetzung zu »Söhnen«: »Alle seid ihr Söhne Gottes durch den Glauben an Jesus Christus.« (Gal 3,26); denn es gibt nur eine Taufe für Juden und Griechen, Sklaven und Freie, Männer und Frauen (Gal 3,27f.). Die »Einsetzung zu Söhnen« hat bei Paulus zwei mit einander verbundene Aspekte: Wer »Sohn« ist, ist nicht Sklave, sondern frei. Er oder sie hat Anspruch auf das Erbe: die

Teilhabe an den Verheißungen (Gal 3,26–4,7). Wer »Sohn« Gottes ist, hat Jesus Christus zum Bruder und wird nach seinem »Bild« gestaltet werden (Röm 8,29). Der Geist lehrt die Glaubenden, »Abba« zu rufen (Gal 4,6; Röm 8,15) und als Söhne und Töchter Gott als ihren Vater zu lieben.

In der Erwählung durch Gott ist das Bürgerrecht begründet, das die Gläubigen »im Himmel« haben (Phil 3,20) und deshalb in der »Ekklesia« genießen. Die Rechtfertigungstheologie bindet die Bürgerschaft im Gottesvolk nicht an die Beschneidung, sondern an den Glauben und die Taufe. Zur Bürgerschaft gehört das Recht auf Mitbestimmung und Teilhabe. Die Rechtfertigungslehre hat in diesem Sinn erhebliche politische Brisanz, innerhalb wie außerhalb der Kirche.

Rechtfertigung ist Befreiung. Im Galaterbrief schreibt Paulus: »Christus hat euch zur Freiheit befreit!« (Gal 5,1). Etwas später formuliert er: »Ihr seid zur Freiheit berufen!« (Gal 5,13). Beide Sätze haben denselben Status wie andere Bekenntnisse zur Heilswirksamkeit Jesu Christi (Gal 1,4; 3,13f. u.ö.). Sie ziehen die Konsequenz der Rechtfertigungslehre. Auch der Römerbrief enthält starke Aussagen zur Freiheit der Gläubigen.

Diese Freiheit ist negativ und positiv bestimmt.

- Negativ ist sie die Freiheit von der Sünde und infolgedessen vom Tod, insofern er der Sünde Sold ist (Röm 6,23). In diesem Kontext steht auch die Freiheit vom Gesetz, insofern es die Menschen nicht rechtfertigt, sondern als Sünder verurteilt (Röm 7,1–6).
- Positiv ist sie die Freiheit zur Liebe, die sich im Dienst am Nächsten zeigt, der sich aus dem Dienst Gottes ergibt. (Gal 5,13f.).

Beide Dimensionen sind durch den Glauben bestimmt, insofern er die Verheißung der Vergebung hat und durch die Teilhabe am Leben Christi den Dienst der Gerechtigkeit fördert (Röm 6,13f.). Der Glaube hat befreiende Kraft, weil er zum Ende der Selbstentfremdung (Röm 7,7–24) und zur Entdeckung des Ichs führt, das im Geist durch die Liebe Jesu Christi bestimmt ist (Gal 2,19ff.).

Rechtfertigung verbindet Paulus mit Heiligung. Diese Verbindung geschieht nicht nur in den kurzen Wendungen des Ersten Korintherbriefes (1Kor 1,30; 6,11), sondern auch in den ausgeführten Argumenten des Römerbriefes: »Jetzt, befreit von der Sünde und Gottes Knechte geworden, habt ihr eure Frucht zur Heiligung, als Ziel aber das ewige Leben.«

(Röm 6,22; vgl. 6,19). Die Heiligung des Lebens ist seine Prägung durch den Willen Gottes im Heiligen Geist.

Rechtfertigung und Heiligung gehören zusammen, weil die Rechtfertigung auf ein Leben der Gerechtigkeit zielt, in dem der Glaube konkret wird. Die Heiligung des Lebens fußt auf der Befreiung von der Sünde, die sich in der Rechtfertigung und durch die Taufe vollzieht (Röm 6,1–14). Rechtfertigung und Heiligung sind dadurch unterschieden, dass Paulus die Rechtfertigung immer von der Bekehrung und der Entstehung des Glaubens her entwickelt, während beim Thema der Heiligung die Aufmerksamkeit auf dem Prozess der christlichen Lebensführung liegt.

Zur Rechtfertigung der Gläubigen gehört der Dienst der Gerechtigkeit. Die Rechtfertigungsgnade steht nicht unter dem Vorbehalt des rechten Lebenswandels. Vielmehr prägt der Glaube kraft des Geistes ein Leben nach Gottes Willen. Paulus sieht sich mit dem Vorwurf konfrontiert, seine Gnadentheologie relativiere die moralische Verantwortung (Röm 6,1.15; vgl. Gal 2,17). Er antwortet auf die Kritik nicht mit einer Relativierung der neuschöpferischen Gnade Gottes, sondern mit einer Betonung des Zusammenhangs zwischen der Gerechtigkeit Gottes und der Menschen. Der rechtfertigende Glaube führt in die Gemeinschaft mit Jesus Christus, der nicht den Ungehorsam Adams teilt, sondern ganz im Gehorsam gegen Gott lebt und stirbt (Röm 5,12–21). So wird, wer glaubt, durch Jesus Christus in den Dienst der Gerechtigkeit geführt (Röm 6,11–14).

Der Kampf zwischen Fleisch und Geist

In seinem Brief an die Galater behandelt Paulus auch Fragen, die das neue Leben der Glaubenden in Christus betreffen (Gal 5,16–25). In Gal 5,16 ermahnt er seine Leser, »im Geist zu leben«. In Gal 5,25 schreibt er noch einmal: »Wenn wir im Geist leben, wollen wir uns auch vom Geist leiten lassen.« Im ganzen Abschnitt Gal 5,16–25 denkt Paulus über die Bedeutung dieser Mahnung und über die Hoffnung nach, dass Gottes Gnade die Gläubigen dazu führen wird, in Einklang mit dem Evangelium zu leben.

Im Lauf seiner Argumentation stellt Paulus fest, dass die Begierde (*epithymia*) des Fleisches weiter besteht und gegen den Geist kämpft (Gal 5,16f.). Nach Röm 7,7, wo Paulus das Gebot aus Ex 20,17 und Dtn 5,21 zitiert: »Du sollst nicht begehren« (*ouk epithymēseis*), ist die Begierde Sünde und wird durch das Gesetz verurteilt (vgl. Röm 13,9). In Gal 5 ist »das Begehren des Fleisches« eine Art Versuchung, die für die Gläubigen gefährlich ist. Diese Versuchung spielt sich im »Fleisch« der Gläubigen ab. Wenn er über nichtgetaufte Juden und Heiden schreibt, sagt Paulus (Röm 1,24): »Gott hat sie an die Begierden (*epithymiai*) ihrer Herzen preisgegeben«.

Das »Fleisch« der Gläubigen ist schwach, aber »Gott sandte den Geist seines Sohnes in unsere Herzen, der ruft: ›Abba, Vater!‹« (Gal 4,6). Doch so groß das Begehren des Fleisches auch sein mag, die Kraft des Geistes ist größer. Dennoch müssen die Glaubenden sich über die Kraft der Sünde im Klaren sein, die zu »Werken des Fleisches« führt (Gal 5,19–21). Weil sie aber nicht »unter dem Gesetz«, sondern »vom Geist geleitet« sind (Gal 5,18), können sie »die Frucht des Geistes« hervorbringen (Gal 5,22f).

Die alte Kontroverse – Teil der Diskussion über die Formel *simul iustus et peccator* –, ob die Begierde (*epithymia*) an der Wurzel zu jeder Sünde liegt oder einen Anreiz zum Sündigen darstellt (*fomes peccati*), argumentiert auf einer anderen Ebene als die paulinische Diskussion in Gal 5 und Röm 7 oder die entsprechenden Ausführungen in anderen neutestamentlichen Texten (1Joh 1–2). Im Lichte der Anthropologie und Soteriologie des Paulus können wir bestätigen, was im *Annex zur Gemeinsamen Offiziellen Feststellung* (2A) erklärt wurde, nämlich, dass es »eine beständige Gefährdung [gibt], die von der Macht der Sünde und ihrer Wirksamkeit im Christen ausgeht. Insoweit können Lutheraner und Katholiken gemeinsam den Christen als *simul iustus et peccator* verstehen, unbeschadet ihrer unterschiedlichen Zugänge zu diesem Themenbereich, wie dies in der *Gemeinsamen Erklärung* 29–39 entfaltet wurde.«

Rechtfertigung und die Hoffnung auf Rettung

Die Rechtfertigung durch den Glauben begründet die Hoffnung auf die endgültige Rettung. Den Galatern schreibt Paulus: »Im Geist erwarten wir aus dem Glauben die Hoffnung der Gerechtigkeit.« (Gal 5,5).

Hoffnung ist bei Paulus nicht, wie die Griechen sie gesehen haben, ein unsicheres Ahnen, sondern eine feste Zuversicht. Sie ist durch zweierlei geprägt:

- einerseits durch das Wissen, dass die Vollendung, das Schauen Gottes, noch aussteht, und durch das Leiden mit der ganzen Schöpfung an der Macht der Sünde und des Todes (Röm 8,20–28),
- andererseits aber auch durch die Offenbarung der Gerechtigkeit Gottes in Jesu Tod und Auferstehung, der ein für allemal das Heil gewirkt hat (Röm 6,10).

Die Hoffnung richtet diejenigen, die im Glauben gerechtfertigt sind, auf die Zukunft der eschatologischen Vollendung aus, verbindet sie mit denen, die unter der Ungerechtigkeit leiden, und entspricht dem Bekenntnis zur Auferstehung Jesu von den Toten.

g. Der Ausschluss der Werke des Gesetzes in der Rechtfertigungstheologie des Paulus

Besonders umstritten ist in der Paulusforschung das Verständnis der »Werke des Gesetzes«. Dieses Verständnis ist ein Schlüsselthema ökumenischer Theologie, die zugleich der Verständigung zwischen Juden und Christen dienen will. Denn es ist nicht zu verkennen, dass über lange Strecken evangelischer wie katholischer Paulusdeutung das Judentum mit Berufung auf die paulinische Rechtfertigungslehre als eine Religion der Gesetzlichkeit und des Anspruchsdenkens hingestellt worden ist, von der sich das Christentum als die moralisch höherwertige Religion abzusetzen versucht hat. In jeder ökumenisch orientierten Würdigung der Rechtfertigungslehre muss diese Sicht kritisiert und überwunden werden.

Mit der Diskussion der Gesetzeswerke verbindet sich die Frage nach der Geltung des »Gesetzes«. Welche Bedeutung hat das Gesetz im Heilsplan Gottes? Welche Beziehung besteht zwischen der Kritik des Gesetzes, die Paulus vor allem im Galaterbrief zuspitzt, und der Erfüllung des Gesetzes, die er im Galater- wie im Römerbrief mit der Rechtfertigung durch den Glauben verbindet? Beide Fragen sind traditionell zwischen den Konfessionen strittig; unter neuen Vorzeichen werden sie auch in der aktuellen Paulusforschung strittig diskutiert.

Die Kontroverse in der neueren Forschung

Die These, Paulus schließe die »Werke des Gesetzes« deshalb aus der Rechtfertigung aus, weil sie als Leistungen vor Gott eingeklagt würden, wurde früher oft als legitime Kritik am Judentum angesehen. Heute wird hingegen zuweilen die Kritik erhoben, Paulus verzeichne in seiner Rechtfertigungslehre das Judentum und leiste dem christlichen Antijudaismus Vorschub. Aus beiden Gründen steht eine kritische Prüfung der These an.

Eine Reihe neuerer Studien deutet den Ausschluss der Gesetzeswerke nicht im Horizont der Anthropologie, sondern in dem der Soziologie. Paulus meine mit den »Werken des Gesetzes« nicht alle Gebote, sondern die Beschneidung sowie die Speise- und Reinheitsvorschriften. Ihnen komme in der Zeit des Zweiten Tempels die Funktion zu, die Identität des jüdischen Volkes zu wahren und durch Abgrenzung von den Heiden zu profilieren. Daraus wird oft abgeleitet, dass die Kritik des Apostels an den Gesetzeswerken auf die Bedingungen zielt, zu denen man in die Glaubensgemeinschaft der Kirche hineinfinde, nicht aber auf das Leben in der Gemeinschaft, das gesetzeskonform verlaufen müsse. Andere Deutungen zielen auf Unterschiede zwischen jüdischen und christlichen Identitätskonstruktionen. Die ökumenische Theologie hat diese Forschungen bislang kaum im Blick. Wie gut sie exegetisch begründet sind und wie weit sie theologisch tragen, muss geprüft werden.

Perspektiven für das Verständnis der Werke des Gesetzes

Die sozialen Dimensionen der Gesetzeswerke gehören zum missionarischen und ekklesialen »Sitz im Leben« der Rechtfertigungslehre. Allerdings steht die soziale Dimension nicht im Widerspruch zur anthropologischen, weil bei Paulus die Zugehörigkeit zur Kirche ein Wesensmerkmal der Identität des Gerechtfertigten ist und die Kirche nichts anderes ist als die Gemeinschaft der Glaubenden.

Der Anknüpfungspunkt der paulinischen Rechtfertigungslehre und ihrer Kritik der Gesetzeswerke sind die Beschneidung, sofern sie als notwendig für die Zugehörigkeit zur Kirche angesehen wird, und die Speisevorschriften wie die Reinheitsgebote, sofern sie verbindliche Auflagen für Juden- wie Heidenchristen sind. Allerdings weitet Paulus das Thema ins Grundsätzliche aus. Er verbindet seine Kritik der Gesetzeswerke mit einer Theologie des Gesetzes, die dessen göttliche Bestimmung von Christus her definiert.

»Werke des Gesetzes« können im Judentum der Zeit Vorschriften und Regelungen der Tora meinen (4QMMT). Paulus aber diskutiert in Gal 3 und Röm 4 das *Tun*: das, was ein Mensch mit Gottes Hilfe im Gehorsam gegen seinen Willen vollbringen kann, indem er das Gesetz befolgt. »Werke des Gesetzes« sind also vom Gesetz bestimmte Regelungen *und* geforderte Handlungen. Sie dokumentieren die Treue zum Gesetz und die Zugehörigkeit zum Gottesvolk Israel.

Der Grund für den Ausschluss der Gesetzeswerke aus der Rechtfertigung

Der Grund für den Ausschluss der »Gesetzeswerke« aus der Rechtfertigung bei Paulus liegt in seinem Verständnis des Gesetzes. Vor Damaskus war er als Pharisäer davon überzeugt, Gottes Heiligkeit gebiete die umfassende Erfüllung des Gesetzes als Weg zum Heil. Das hat er durch die ihm zuteilgewordene Offenbarung (Gal 1,16) als Irrtum erkannt. Nicht das Gesetz vermittelt die Gnade der Rechtfertigung und Rettung, sondern Jesus Christus.

Diese Kritik des Gesetzes führt Paulus aber nicht dazu, das Gesetz abzuwerten, sondern dazu, seine Heiligkeit neu zu entdecken. »Das Gesetz ist heilig, und das Gebot ist heilig, gerecht und gut.« (Röm 7,12).

Werke des Gesetzes und der Fluch des Gesetzes

Das Gesetz stellt Israel vor die Alternative Segen oder Fluch (Dtn 30,15-20). Im Römerbrief stellt Paulus fest, dass es keinen Menschen gibt, der das ganze Gesetz hält (Röm 3,1-20). Mithin stehen alle Menschen unter dem Fluch des Gesetzes (Gal 3,10). Paulus begründet dies mit der Schrift: »Verflucht ist jeder, der nicht bei allem bleibt, was im Buch des Gesetzes geschrieben steht, dass es getan werde.« (Dtn 27,26, zitiert in Gal 3,10).

Der Fluch, den das Gesetz über die Sünder verhängt, gehört nach Paulus zu seiner Heiligkeit. Denn Gottes Gerechtigkeit bestraft den Sünder, im Fluch kommt die tödliche Macht des Sündigens zum Ausdruck: Sie wird auf den Täter zurückgelenkt.

Vom »Fluch des Gesetzes« befreit nicht das Gesetz selbst, sondern allein Jesus Christus, und zwar dadurch, dass er stellvertretend für alle Sünder den Fluch des Gesetzes auf sich genommen hat: »Christus hat uns erlöst vom Fluch des Gesetzes, indem er für uns zum Fluch geworden ist, denn es steht geschrieben: ›Verflucht ist jeder, der am Holze hängt‹ (Dtn 21,23), damit der Segen Abrahams in Christus zu den Heiden käme und wir den verheißenen Geist empfingen durch den Glauben.« (Gal 3,13f.). Die Rechtfertigung geschieht also nicht dadurch, dass der »Fluch« des Gesetzes als unwirksam oder unwirklich erkannt würde, sondern dadurch, dass Jesus Christus, der selbst ohne Sünde ist (vgl. 2Kor 5,21), ihn auf sich nimmt, damit die Sünder von ihm befreit und des Segens Abrahams teilhaftig werden.

Die »Werke des Gesetzes« haben nicht die Kraft, den »Fluch« des Gesetzes zu besiegen, weil ihnen immer die Übertretungen des Gesetzes entgegenstehen, wie viele oder wenige es sein mögen. Ihre tödliche Wirkung können die Werke nicht ausgleichen.

Werke des Gesetzes und die Macht der Sünde

Dass die »Werke des Gesetzes« den »Fluch« des Gesetzes von den Menschen nicht abwenden können, hängt für Paulus an der Übermacht der Sünde. Das Gesetz ist zwar von Gott gegeben, Leben zu schaffen (Lev 18, 5; vgl. Gal 3,12; Röm 10,5). Aber diese Kraft kann es nach Adams Fall nicht in der Weise einbringen, dass die Menschen durch »Werke des Gesetzes« gerechtfertigt werden. Das Gesetz ist vielmehr nach Gal 3,19–25 und Röm 5,20 erlassen worden, um die Sünde als Sünde sichtbar zu machen und die Sünder als Übertreter des Gesetzes bei den Folgen ihres Handelns zu behaften.

Die Sünde, die nicht vom Gesetz, sondern nur von Jesus Christus besiegt werden kann, ist für Paulus nicht nur eine Übertretung des Gesetzes, auch wenn jeder Verstoß gegen Gottes Gebot Sünde ist (Röm 2,17–29). Vielmehr ist die Sünde eine tödliche Macht, die seit Adams Fall (Röm 5,12–21) das Leben der Menschen belastet und nicht durch die Menschen selbst überwunden werden kann, sondern nur durch Gott. Paulus erschließt diesen Begriff der Sünde dadurch, dass er den weisheitlichen Tun-Ergehen-Zusammenhang apokalyptisch intensiviert. Kein Mensch kann sich in seinen Sünden damit entschuldigen, dass auch andere Menschen sündigen und dass es die Belastung durch die Sündenmacht gibt, die sich als Versuchung und Verführung zeigt. Aber durch jedes Fehlverhalten, jede Gesetzesübertretung, jeden Verstoß gegen das Liebesgebot wird der Macht der Sünde neue Energie zugeführt.

Die Unheilsmacht der Sünde ist die Unheilsmacht des Todes. Einerseits gilt: »Der Sold der Sünde ist der Tod.« (Röm 6,23), weil die Sünde das Leben beschneidet. Andererseits gilt: »Der Stachel des Todes ist die Sünde.« (1Kor 15,56), weil der Tod gerade dadurch das Leben der Menschen zerstört, dass er sie zum Sündigen antreibt.

Die Befreiung von der Macht der Sünde vollzieht sich in der Befreiung von der Macht des Todes. Das geschieht in futurisch-eschatologischer Vollendung durch die Auferstehung von den Toten (1Kor 15,20–28); präsentisch-eschatologisch geschieht es durch den Glauben und die Taufe, weil hier das Ich des Sünders mit Jesus Christus, der sein Leben für die Menschen hingibt, gekreuzigt wird, um aus der Kraft der Auferstehung Jesu Christi neu zu leben (Gal 2,19f.; Röm 6,4f.).

In Röm 7,7–25 analysiert Paulus die Macht der Sünde über das Gesetz. Der Text ist in der Geschichte der Exegese und der Konfessionen umstritten, weil es seit früher Zeit drei Möglichkeiten gibt, das »Ich« des Passus zu identifizieren:

- als »Ich« des Paulus, der seine pharisäische Vergangenheit aufarbeitet,
- als »Ich« des Glaubenden, der seine bleibende Versuchung durch die Sünde, die Schwäche seines Fleisches und sein »Begehren« analysiert,
- als »Ich« Adams, der seine Verführung durch das Gebot Gottes und seine Entfremdung unter dem Gesetz beschreibt.

Diese Debatte hat erhebliche Auswirkungen auf die Diskussion des *simul iustus et peccator*; denn Röm 7 ist ein wichtiger, wenngleich nicht der einzige Belegtext in der Schrift für die Auffassung, die in dieser Formel vertreten wird.[4]

Alle drei Möglichkeiten, das »Ich« zu verstehen, lassen erkennen, weshalb Paulus urteilt, das Gesetz komme gegen die Macht der Sünde nicht auf.

- Es ist gerade das Verbot, das zur Übertretung reizt, weil sich der Mensch im Bereich der Sünde einredet, durch sein Begehren das Leben auf Kosten anderer zu steigern (Röm 7,7ff.).
- Die Sünde betrügt den Menschen mit Hilfe des Gesetzes (Röm 7,11) – sei es dadurch, dass es wegen des Gesetzes Übertretungen provoziert, sei es dadurch, dass es dem Irrtum Vorschub leistet, durch die »Werke des Gesetzes« könne ein Mensch gerechtfertigt werden.
- Durch die Sünde trägt das Gesetz dazu bei, dass der Mensch sich seiner selbst entfremdet (Röm 7,15ff.). Der »fleischliche« Mensch wird durch das Gesetz, das von der Sünde missbraucht wird, »unter die Sünde verkauft« (Röm 7,14).

Der Mensch, der unter der Sünde steht und nur das Gesetz kennt, kann nur um Hilfe schreien: »Ich elender Mensch, wer wird mich aus diesem Leib des Todes retten?« (Röm 7,24). Die Antwort kann nicht das Gesetz geben, sondern nur der Glaube an Jesus Christus.

---

[4] Der Weiterführung der ökumenischen Diskussion nach der *Gemeinsamen Erklärung* und ihrer Kritik dient die Studie des »Ökumenischen Arbeitskreises« in Deutschland: Th. Schneider/G. Wenz (Hrsg.), Gerecht und Sünder zugleich? Ökumenische Klärungen (Dialog der Kirchen 11), Freiburg/Göttingen 2001.

In der neueren Exegese ist die Mehrheit der Ausleger der Auffassung, dass sich Röm 7,7–25 auf Adam, den prototypischen Menschen bezieht, und zwar vom Standpunkt eines Menschen geschrieben, der an Christus glaubt. Nach dieser Deutung kann Röm 7,7–25 nicht als Schriftbeweis für die These des *simul iustus et peccator* dienen. Dennoch weist auch Paulus darauf hin, dass der Kampf zwischen Fleisch und Geist eine bleibende Gefahr für den Glaubenden darstellt (Gal 5,16–26). Man kann deshalb fragen, ob Röm 7 nur eine Erzählung über die *Vergangenheit* all derer, die glauben, enthält. Enthält der Abschnitt nicht auch einen Hinweis auf eine *gegenwärtige* Gefahr des Rückfalls unter die Macht der Sünde und des Todes, weil das Fleisch schwach ist? In jedem Fall ist »Gott aber sei Dank durch unsern Herrn Jesus Christus!« ein wichtiges Gebet für alle Glaubenden, die über ihre Vergangenheit, ihre Gegenwart und ihre Zukunft nachdenken.

Die Kritik des Paulus am Rühmen

Die Kritik an denen, die die Rechtfertigung auf die »Werke des Gesetzes« gründen wollen, ist mit der Kritik an ihrem Selbstruhm verknüpft. Paulus kennt auch in den Briefen, die nicht explizit auf die Rechtfertigungslehre Bezug nehmen, sowohl eine Kritik des falschen Sich-Rühmens (1Kor 1,29; 3,21) als auch eine vom Glauben getragene Zuversicht, dass die Christen sich »im Herrn« rühmen können und sollen (1Kor 1,31; 2Kor 10,17; 12,9).

In Röm 2,23–28 kritisiert Paulus ein Rühmen aufgrund des Gesetzes, das durch Übertretungen des Gesetzes konterkariert wird. Am Beispiel Abrahams diskutiert Paulus, dass »Werke des Gesetzes« zwar Ansehen vor Menschen, nicht jedoch Ruhm vor Gott begründen können (Röm 4,2). In Phil 3 kritisiert Paulus jene, die ihren Ruhm darauf gründen, zum jüdischen Volk zu gehören, ohne doch an Jesus Christus zu glauben. An keiner Stelle wird von Paulus das Befolgen der Gebote selbst als Ausdruck oder Basis des Selbstruhmes kritisiert. Wohl aber führt er in Röm 3,27–31 aus, dass das Rühmen nicht durch die »Werke des Gesetzes«, sondern nur durch den Glauben an Jesus Christus überwunden werden kann – weil der Glaube die Weise des Menschen ist, sich Gottes zu rühmen.

Die Erfüllung des Gesetzes

Im Galaterbrief wie im Römerbrief spricht Paulus ausdrücklich von der »Erfüllung« des Gesetzes. »Das ganze Gesetz ist in dem einen Wort erfüllt: ›Du sollst deinen Nächsten lieben wie dich selbst!‹« (Gal 5,14; vgl.

Lev 19,18) »Wer den anderen liebt, hat das Gesetz erfüllt. Denn die Gebote: ›Du sollst nicht die Ehe brechen, du sollst nicht töten, du sollst nicht stehlen, du sollst nicht begehren‹, und was dergleichen andere Gebote sind, wird in dem einen Wort zusammengefasst: ›Du sollst deinen Nächsten lieben wie dich selbst!‹« (Röm 13,8f.; vgl. Lev 19,18)

Das Gesetz wird durch die Rechtfertigungsbotschaft nicht »abgetan«, sondern »aufgerichtet« (Röm 3,31). Aber es kann einen Menschen nicht rechtfertigen. In der Geschichte evangelischer wie katholischer Theologie gibt es verschiedene Modelle, um diese Dialektik der paulinischen Gesetzestheologie zu beschreiben. Diese Modelle sind ihrerseits Ausdruck einer bestimmten Zeit und eines bestimmten Denkstils.

- Paulus nimmt das Gesetz als Zeugen für die Glaubensgerechtigkeit in Anspruch (Röm 3,21). Abraham mit Gen 15,6 ist das stärkste Beispiel.
- Paulus sieht die verurteilende Kraft des Gesetzes dialektisch auf den Prozess der Erlösung bezogen, weil es keine Vergebung ohne Gericht gibt.
- Das Gebot der Nächstenliebe wird ähnlich wie in der Jesustradition des Neuen Testaments als das entscheidende Gebot angesehen, von dem her sich Gewicht und Geltungsbereich aller anderen Gebote erklären. Das Liebesgebot ist deshalb das Spitzengebot des Gesetzes, weil sich in der Nächstenliebe die Liebe Gottes auswirkt, die sich in Jesus Christus erweist.

Die »Erfüllung« des Gesetzes ist ein qualitativer Begriff (vgl. Mt 5,17). Er verweist auf das eschatologisch Neue des Christusgeschehens. Jesus selbst ist das »Ja« zu allen Verheißungen Gottes (2Kor 1,20). Er selbst ist »Diener der Beschneidung geworden, um die Verheißungen der Väter zu bekräftigen« (Röm 15,8). Die »Erfüllung« des Gesetzes geschieht deshalb nicht durch die »Werke des Gesetzes«, sondern durch den Glauben an Jesus Christus, der rechtfertigt.

h. Rechtfertigung durch den Glauben bei Paulus

So, wie Paulus die Rechtfertigung aufgrund von Gesetzeswerken ausschließt, so begründet er sie aus dem Glauben an Jesus Christus. Dieser Zusammenhang erklärt sich aus dem paulinischen Verständnis des Glaubens.

Im Glauben an Jesus Christus konkretisiert sich der Glaube an den einen Gott, »der die Toten lebendig macht« (Röm 4,17). Denn der »Glaube an Gott« ist der Glaube an den, der »Jesus von den Toten erweckt hat« (1Thess 1,10). Jesus Christus ist für Paulus, der damit in einer breiten Tradition des Urchristentums steht, immer schon der Sohn Gottes, der Mensch geworden ist und, von den Toten auferweckt, zur Rechten Gottes erhöht ist (Phil 2,6–11). Im Kontext der Rechtfertigungslehre schreibt Paulus: »Wenn du mit deinem Mund bekennst: Jesus Christus ist der Herr, und in deinem Herzen glaubst: Gott hat ihn von den Toten auferweckt, wirst du gerettet werden. Denn wer mit dem Herzen glaubt, wird gerechtfertigt; und wer mit dem Mund bekennt, wird gerettet.« (Röm 10,9f.).

Das paulinische Glaubensverständnis

Durch Paulus wird *Glaube* zu einem Grundwort christlicher Theologie. Vom Glauben ist bei Paulus – und in anderen Schriften des Neuen Testaments – dort die Rede, wo die missionarische Verkündigung des Evangeliums eine positive Antwort findet und wo die Glaubenden über das Fundament ihres neuen Lebens Rechenschaft ablegen.

Der Glaube ist für Paulus im Kern ein Grundvertrauen auf Gott, das das ganze Leben trägt. Das verdeutlicht Paulus im Römerbrief am Beispiel Abrahams:

> »Er wurde nicht schwach im Glauben, als er seinen schon erstorbenen Leib anschaute, der hundert Jahre war, und den Tod des Mutterschoßes Saras: An der Verheißung Gottes zweifelte er nicht im Unglauben, sondern wurde gestärkt durch den Glauben, indem er Gott die Ehre gab, und davon erfüllt, dass, der verheißt, auch mächtig ist, zu erfüllen. Deshalb wurde es ihm zur Gerechtigkeit angerechnet.« (Röm 4,19–22)

Der Glaube, der rechtfertigt, ist nicht nur Vertrauens-, sondern auch Bekenntnisglaube. Er verkündigt, worauf – bzw. auf wen – er sein Vertrauen setzt. Das Glaubensbekenntnis hat seinen ursprünglichen Ort in der Taufe. Es drückt sich in einfachen Sätzen des Bekennens aus wie: »Wir glauben an Jesus Christus.« (Gal 2,16), »Gott ist der eine.« (Röm 3,30), »Jesus Christus ist der Herr.« (1Kor 12,3; vgl. Phil 3,8).

Das Bekenntnis des Glaubens wird sowohl in der 1. Person Singular (Gal 2,20) wie auch in der 1. Person Plural gesprochen (Röm 4,24; 6,8):

- »Ich glaube« bringt die existenzielle Dimension der Bekehrung, die Freiheit, aber auch die Verantwortung des Glaubens zum Ausdruck.
- »Wir glauben« bringt die kirchliche Dimension des Bekenntnisses zum Ausdruck, die Zugehörigkeit zur Gemeinschaft der Glaubenden.

Beide Dimensionen gehören zusammen und bestärken einander wechselseitig.

Der Glaube, der rechtfertigt, ist eine Erkenntnis. Das hat Paulus im Philipperbrief ausgedrückt: »Ihn will ich erkennen und die Macht seiner Auferstehung und die Gemeinschaft mit seinen Leiden, mitgestaltet zu werden von seinem Tod, wenn ich denn so zur Auferstehung von den Toten gelange.« (Phil 3,10f.). Die Erkenntnis des Glaubens übersteigt alles menschliche Verstehen (vgl. Phil 4,7). Sie ist eine Gabe des Geistes. Aber sie ist echte Erkenntnis, weil sie die Wirklichkeit des eschatologischen Heils wahrnimmt, die Gott in seiner Gnade geschaffen hat.

Einige neuere exegetische Untersuchungen haben vorgeschlagen, den Genitiv *Christou* in der griechischen Wendung *pistis Christou* als Genitivus subjectivus (der Glaube Jesu Christi) und nicht als Genitivus objectivus (Glaube an Jesus Christus) zu verstehen, insbesondere an Stellen wie Röm 3,22; Gal 2,16 und Phil 3,9. Demgemäß sollte auch der absolute Gebrauch von *pistis*, also wenn *pistis* ohne weitere Näherbestimmung gebraucht wird (z.B. in Röm 1,17 oder 3,28), als Hinweis auf den Glauben und die Treue Jesu Christi verstanden werden. Nach dieser Auslegung ist der Glaube Jesu Christi die Grundlage für die Rechtfertigung. Und in der Tat, der Gehorsam Christi gegenüber Gott, von dem Paulus in Röm 5,12–21 und Phil 2,6–11 spricht, ist die Grundlage für das Heilshandeln Christi. Würde *pistis Christou* als subjektiver Genitiv angesehen, dann wäre der Glaube Christi parallel zum Gehorsam Christi, einem wichtigen Motiv in der Theologie des Paulus, zu verstehen. Damit ergäbe sich auch eine geistgewirkte Gleichförmigkeit zwischen Christus, der »für Gott« lebt (Röm 6,10), und den Christen, die lebendig sind »für Gott in Christus Jesus« (Röm 6,11). Wenn *pistis Christou* als subjektiver Genitiv gedeutet werden müsste, dann bestünde auch Gleichförmigkeit zwischen dem Glauben Christi und dem Glauben der Glaubenden, die gerechtfertigt werden. Und doch ist nicht zu leugnen, dass die grundlegenden Formulierungen der paulinischen Rechtfertigungstheologie den Glauben der *Glaubenden* benennen: »Wir sind zum Glauben an Jesus Christus gekommen.« (Gal 2,16). Darum ist zweifelhaft, ob die Deutung von *pistis Christou* als subjektiver Genitiv mit der ursprünglichen Bedeutung der Wendung in den paulinischen Briefen übereinstimmt. Die christologische Dimension des Glaubens der Gläubigen ist für Paulus wesentlich und der Kontext zeigt, dass *pistis Christou* den Glauben all derer beschreibt, die zu Hörern des Wortes geworden sind (Röm 10,8–13).

Das Zeugnis der Schrift

Die Begründung aus der Heiligen Schrift, die Paulus für seine Lehre von der Rechtfertigung vorbringt, kann nicht auf den Ausschluss der Gesetzeswerke zielen, weil dies in den alttestamentlichen Bezugstexten keine Rolle spielt, sondern nur auf die grundlegende Heilsbedeutung des Glaubens.

Paulus legt in seiner Rechtfertigungstheologie Gen 15,6 aus, indem er den Glauben Abrahams weder von der Beschneidung (Gen 17) noch vom Opfer bzw. von der Bindung Isaaks (Gen 22) aus erklärt, sondern von der Verheißung Gottes (Gen 12 und 15) aus: Er ist Vertrauen auf Gott als den, der die Macht des Todes besiegt und so seine Verheißung wahr macht (Röm 4). Dieser Glaube Abrahams ist vorbildlich.

Die anderen expliziten Schriftbelege für die Rechtfertigung der Glaubenden werden von Paulus nicht ausgelegt, sondern zitiert, wobei er – von der Einheit der Schrift überzeugt – unterstellt, dass dort im Wesentlichen derselbe Sinn von Glauben zu finden ist wie in Gen 15,6.

Glaube und Liebe

Der Glaube, der rechtfertigt, ist von innen her mit der Liebe verbunden. Besonders prägnant formuliert Paulus in Gal 5,6: »In Christus vermag weder Beschneidung noch Unbeschnittenheit etwas, sondern der Glaube, der durch Liebe wirksam ist.« Wie sich aus dem Folgenden ergibt, meint Paulus die Liebe zum Nächsten, in der sich das Gesetz erfüllt (Gal 5,14).

Die Verhältnisbestimmung von Glaube und Liebe unterscheidet sich von der scholastischen Figur *fides caritate formata*, weil dort die *caritas* als Liebe zu Gott verstanden ist und der Glaube als verständiges Bekenntnis. Unter dieser Voraussetzung ist es nachvollziehbar, dass die Liebe als jene Größe gesehen wird, die dem Glauben seine Gestalt gibt. Paulus aber denkt vom Glauben her. Der Glaube entwickelt seine »Energie«, das Leben der Christen in Freiheit zu gestalten, durch die Liebe. Die Nächstenliebe wiederum ist die Energie des Glaubens unter dem Aspekt, dass er das Leben aus der Beziehung zu Gott heraus gestaltet.

Der rechtfertigende Glaube ist bei Paulus von vornherein der Glaube, der durch Liebe wirksam ist. Das ergibt sich im Galaterbrief daraus, dass bereits die erste Explikation der Rechtfertigungsthese in Gal 2,15–21 auf die Lebensführung des Gerechtfertigten eingeht, die von der Liebe Jesu Christi bestimmt ist.

Im Römerbrief ergibt sich dies aus den Ausführungen über die Versöhnung in Röm 5 und über die Taufe in Röm 6. Paulus weist zuerst auf den Zusammenhang zwischen der Feindesliebe Gottes und dem Gehorsam Jesu Christi hin, der Adams Schuld überwindet. Dadurch sind alle Glaubenden zu einem Leben in Gerechtigkeit gerufen. Auf diesem Hintergrund deutet er die Taufe als Anteilhabe am Tod wie an der Auferstehung Jesu und damit am Dienst der Gerechtigkeit, den Jesus selbst geleistet hat.

Der Zusammenhang zwischen Glaube und Liebe macht deutlich, dass die parakletischen Teile des Galater- wie des Römerbriefes kein Appendix, sondern ein wesentlicher Bestandteil der Rechtfertigungstheologie sind.

Der Glaube an Christus als Grundlage der Rechtfertigung

(1) Dass der Glaube an Jesus Christus rechtfertigt, ergibt sich für Paulus aus dem inneren Zusammenhang zwischen der Gnade Gottes und dem Glauben, weil die Gnade die Menschen zu denen macht, die Gott aus ganzem Herzen als den Vater Jesu Christi und damit als ihren »Abba« bejahen (Gal 4,6; Röm 8,15).

(2) Der Glaube, der rechtfertigt, ist nicht seinerseits ein »Werk des Gesetzes«, obgleich das Gesetz von der rechtfertigenden Kraft des Glaubens zeugt, sondern ganz Gnadentat Gottes wie, darin begründet, ganz Freiheitstat des Menschen.

(3) Die »Werke des Gesetzes« gehören weder additiv noch integrativ zum Glauben, weil sie ein Heilsvertrauen auf das Gesetz ausdrücken, damit aber den von Gott gestifteten Sinn des Gesetzes verfehlen und die Erfüllung des Gesetzes verhindern. Die hängt am Glauben, der durch Liebe wirksam ist.

I. Die Theologie der Rechtfertigung in der paulinischen Tradition

Die historisch-kritische Exegese differenziert zwischen Briefen, die sicher von Paulus selbst verfasst wurden, und denen, die mit Berufung auf ihn und unter seinem Namen verfasst worden sind. Ein Großteil der kritischen Forschung schreibt den Epheserbrief und die Pastoralbriefe nicht dem Apostel selbst zu, sondern der neutestamentlichen Paulustradition. Die Alte Kirche hat die Briefe einer Spätphase des paulinischen Wirkens zugerechnet. Die historisch-kritische Exegese ordnet sie der neutestamentlichen Spätzeit zu. Die kanonische Exegese erhellt, inwiefern sie als Paulusbriefe angelegt und rezipiert worden sind.

Im Epheserbrief (Eph 2,8f.) und in den Pastoralbriefen (2Tim 1,8f.; Tit 3,5) ist nicht von den »Werken des Gesetzes«, sondern (wie in Röm 4,2–5; 9,12.32; 11,6) nur von »Werken« die Rede. Das erklärt sich aus einer veränderten Herausforderung. Paulus musste die Heilssuffizienz des Christusglaubens gegen eine judenchristliche Position verteidigen, dass ohne Beschneidung und Gesetzesgehorsam niemand gerettet werden könne. Das wird in den Deuteropaulinen nicht mehr diskutiert, sondern als Grundlage vorausgesetzt. Als Folgeproblem stellt sich nun vor allem die Frage, welche Ethik sich aus der Rechtfertigung ergibt und welchen Stellenwert sie hat.

Der Brief an die Epheser

Das Hauptthema des Epheserbriefes ist die Kirche. Heidenchristen soll die Größe der Gnade vor Augen geführt werden, dass sie, die »einst fern vom Messias waren, getrennt von der Bürgerschaft Israels und fremd den Bünden der Verheißung, ohne Hoffnung und gottlos in der Welt« (Eph 2,12), nach Gottes ewigem Heilsratschluss (Eph 1,3–14) das volle Bürgerrecht in der *Ekklesia* erhalten haben (Eph 2,19f.). Dies ist dadurch geschehen, dass Jesus durch seinen Tod und seine Auferstehung die »Mauer« niedergelegt hat, die das Gesetz »in seinen Satzungen« zur Unterscheidung zwischen Juden und Heiden aufgerichtet hat (Eph 2,14–17).

Den Heidenchristen soll aber vor Augen gestellt werden, dass ihre Rettung reine Gnade ist und nicht eigenes Verdienst. Dem dient der Rückgriff auf die paulinische Rechtfertigungsthese in Eph 2,8f.: »Aus Gnade seid ihr gerettet durch den Glauben, ... nicht aus euch ... nicht aus Werken, damit niemand sich rühme.« Die »Werke«, die Eph 2 problematisiert, werden nicht getan, weil dem Gesetz Heilsbedeutung zuerkannt wird, sondern weil man sich seiner ethischen und religiösen Lebensleistung vor Gott rühmen will. Es ist aber – wie im Galater- und im Römerbrief – allein der Glaube, der in der Einheit von Bekenntnis und Vertrauen alles auf die Gnade Gottes setzt (Eph 2,4ff.). Deshalb ist es der Glaube, der rettet.

Die Pastoralbriefe

Die Pastoralbriefe (Erster und Zweiter Timotheusbrief und Titus) aktualisieren die paulinische Rechtfertigungslehre, um gegen die Erwartung anzugehen, man könne durch »Werke« gerechtfertigt bzw. gerettet werden (2Tim 1,8f.; Tit 3,5). Ihnen geht es aber vor allem um die Zurückweisung einer »so genannten Gnosis« (1Tim 6,20). Diese »Gnosis« lehrt die Unreinheit des Geschlechtsverkehrs sowie bestimmter Speisen und Getränke, weil sie einen Dualismus vertritt, der das Leibliche verachtet und die Schöpfung geringschätzt (1Tim 4,3ff.). Dem gegenüber vertreten die Pastoralbriefe, dass Gott alles zum Heil der Menschen durch Jesus Christus getan hat, aber nicht aus Weltverachtung, sondern aus Liebe zur Welt.

Mit dieser neuen Situation sind erhebliche Verschiebungen im Verständnis theologischer Leitbegriffe verbunden. Während Paulus im Galater- und Römerbrief den *Nomos* als Bundesurkunde Israels versteht und als Mittel Gottes, die Sünde erkennen zu lassen, erscheint er in den Pastoralbriefen als Sittengesetz. Hier steht der Gebotscharakter im Vordergrund. Deshalb heißt es in 1Tim 1,8–11, der Gerechte bedürfe des Gesetzes nicht. Nach dem Galater- und dem Römerbrief aber ist viel grundsätzlicher einerseits das Heilsvertrauen auf das Gesetz negiert, andererseits die Erfüllung des Gesetzes in der Liebe propagiert.

In den Briefen an die Römer, Galater und Philipper steht der Glaube im Gegensatz zu den Gesetzeswerken. Die Pastoralbriefe hingegen sehen – mit der Ausnahme von 2Tim 3,15 – den Glauben nicht als umfassende Antwort der Menschen auf Gottes Heilshandeln, sondern im Wesentlichen als Zustimmung zur »gesunden Lehre« (1Tim 1,10 u. ö.). Dieser Glaube ist Vorbedingung, *conditio sine qua non*, des Heils (2Tim 3,15), bestimmt aber das Ganze des Christseins nur in Verbindung mit anderen Haltungen, besonders der Agape (1Tim 1,5.14; 2,15; 4,12; 6,11; 2Tim 1,13; 2,22; 3,10).

Zum theologischen Thema der Pastoralbriefe gehört die »Rechtfertigung des Gottlosen«, für die Paulus das Paradebeispiel liefert (1Tim 1,15). Diese Rechtfertigung erweist die »Epiphanie der Güte und Menschenfreundlichkeit Gottes« (Tit 3,5) in der Person Jesu Christi und die dadurch bewirkte »Erziehung« der Menschen, die im Glauben um den Heilsplan Gottes wissen, zu einem Leben in Gerechtigkeit (Tit 2,12). Die beiden rechtfertigungstheologischen Aussagen ordnen sich diesem Konzept ein, indem sie der Ethisierung der Soteriologie durch die »Gnostiker« wehren und die heilsnotwendige Gerechtigkeit der Christenmenschen nicht als ihr persönliches Verdienst, sondern als reine Gnade verstehen.

j. Paulus in der Apostelgeschichte: eine Theologie der Verheißung und der Heilsgeschichte

Auch nach der Apostelgeschichte verkündet Paulus die Rechtfertigung aus dem Glauben. So sagt er nach Lukas in der Synagoge des pisidischen Antiochien: »Es sei euch kund, ... dass euch durch ihn die Vergebung der Sünden verkündet wird; und von allem, wovon ihr im Gesetz des Mose nicht gerechtfertigt werden konntet, darin wird jeder, der glaubt, gerechtfertigt.« (Apg 13,38f.).

Nach der Apostelgeschichte stimmen Paulus und Petrus in der Rechtfertigungslehre fast wörtlich überein. Denn, zurückblickend auf seine Missionserfahrung in Caesarea (Apg 10), sagt Petrus von Gott: »... er machte keinen Unterschied zwischen uns und ihnen, indem er ihre Herzen durch den Glauben reinigte. Was versucht ihr jetzt also, ein Joch auf den Nacken der Jünger zu legen, das weder unsere Väter noch wir zu tragen vermochten? Wir glauben doch, durch die Gnade des Herrn Jesus gerettet zu werden, in gleicher Weise wie jene« (Apg 15,9–11).

Lukas verfolgt, indem er diese Übereinstimmung betont, ein ökumenisches Anliegen: Was immer es an Konflikten gegeben hat – Petrus und Paulus stimmen im Kern der Rechtfertigungslehre überein. Man kann zwar die Rechtfertigungslehre in den erzählten Reden der Apostelgeschichte von dem unterscheiden, was Paulus in den Briefen an die Römer, Galater und Philipper schreibt. Aber es lassen sich auch substanzielle Gemeinsamkeiten entdecken. Dies trägt zur Substanz des neutestamentlichen Zeugnisses von der Rechtfertigung bei, das in der ökumenischen Theologie zum Tragen kommen muss.

3. Das Evangelium Jesu Christi und die Theologie der Rechtfertigung

Die Briefe des Paulus sind die ältesten schriftlichen Dokumente im Neuen Testament. Dennoch wird oft gefragt: Was ist das Verhältnis zwischen dem Evangelium, das Paulus verkündet, und dem Evangelium Jesu Christi, das die vier Evangelien und vor allem die ältesten Überlieferungen in ihnen bezeugen? Das aber führt zu der Frage: Was verstehen wir unter »Evangelium Jesu Christi«?

a. Das Evangelium und seine unterschiedlichen Bezeugungen

Das Markusevangelium, das älteste unter den vier Evangelien im Neuen Testament, beginnt mit der Zeile: »Dies ist der Anfang des Evangeliums Jesu Christi, des Sohnes Gottes.«

Indem er diese Überschrift formuliert, beschreibt Markus das Evangelium Jesu Christi oder, wie wir auch übersetzen könnten, das Evangelium von Jesus Christus als:

- die Frohe Botschaft, die Jesus den Leuten in Galiläa und Judäa verkündigte,
- die Frohe Botschaft, die er den Kranken und den von Dämonen Besessenen durch sein heilendes und befreiendes Handeln brachte,
- die Frohe Botschaft, die er in seinem Sterben am Kreuz lebte. Dass er sein Leben »als Lösegeld für viele« (Mk 10,45) hingab, wurde durch seine Auferstehung als tiefster Ausdruck des Dienstes offenbart, den er mit seinem ganzen Leben geleistet hat.

Wenn wir also nach dem Verhältnis zwischen dem Evangelium Jesu Christi und der Rechtfertigungslehre fragen, werden wir uns nicht auf die Verkündigung und Lehre des sogenannten »historischen Jesus« beschränken, sondern das Verständnis des Evangeliums in der ganzen frühen Jesustradition mit einbeziehen.

Allerdings scheint es einen grundlegenden Unterschied zu geben zwischen dem Evangelium, wie es in der Jesustradition entfaltet wird, und dem Evangelium, wie es Paulus erklärt. Während im Zentrum der paulinischen Theologie die Aussage stand, dass *Gottes Gerechtigkeit* im Evangelium offenbart wird (Röm 1,17), steht im Zentrum des Evangeliums Jesu der Ruf, dass *Gottes Herrschaft* nahegekommen ist (Mk 1,15; Mt 4,17).

Aber beide Aussagen haben ihre Wurzel in der eschatologischen Erwartung jüdischer apokalyptischer Kreise, und beide können zurückverfolgt werden bis zur Botschaft von Ps 93–99 und von Deutero- und Tritojesaja, die verkündet, dass Gott seine Gerechtigkeit offenbaren und seine Herrschaft in naher Zukunft aufrichten wird.

Johannes der Täufer hat diese Erwartungen radikalisiert. Für ihn stand das Kommen der Herrschaft Gottes unmittelbar bevor und mit ihr das Endgericht, das Gottes Volk nicht verschonen wird.

Jesus teilte die Erwartungen des Johannes. Aber ohne den Aspekt des Gerichtes zu leugnen, legte er den größeren Nachdruck auf die Versicherung, dass das Kommen der Herrschaft Gottes Heilung und Befreiung für all die bringt, die seine Gegenwart am nötigsten haben.

b. Die Frohe Botschaft in der Ausrufung der Herrschaft Gottes

Dieser Schwerpunkt findet in vielen Aspekten der Verkündigung Jesu seinen Ausdruck.

Er kann in der ersten Seligpreisung gehört werden: »Selig seid ihr Armen, denn euch gehört die Herrschaft Gottes.« (Lk 6,20). Gottes Herrschaft und Reich gehört denen, die nichts sonst haben, auf das sie sich verlassen könnten, und die mit leeren Händen vor Gott stehen. Als Jesus die Kinder segnete, wurde die gleiche Botschaft laut: »denn Leuten wie ihnen gehört die Herrschaft Gottes« (Mk 10,14). Diejenigen, die sich nicht selbst helfen können, sind die »Teilhaber« des Reiches Gottes.

Wenn immer die Jesustradition von der Verkündigung der Frohen Botschaft spricht, ist die Frohe Botschaft für die Armen gemeint. Der Hintergrund dafür ist Jes 61,1: »Der Geist Gottes des HERRN ist auf mir; denn der Herr hat mich gesalbt, den Armen die Frohe Botschaft zu bringen«. Lukas erzählt, dass Jesus diese Schriftstelle für seine erste Predigt in Nazareth verwendet hat (Lk 4,18f.). Auch die Antwort Jesu an Johannes den Täufer unterstreicht die Tatsache, dass durch die Verkündigung und das heilende Wirken Jesu »den Armen die Frohe Botschaft gebracht wird« (Mt 11,5; Lk 7,22).

Ein anderer Aspekt des Evangeliums Jesu war seine besondere Zuwendung zu denen, die in der Gesellschaft seiner Zeit Sünder genannt wurden. Auch wenn dies mehr eine soziale als eine theologische Kategorie darstellte, war doch beides unauflöslich miteinander verbunden. Jesus ging vor allem zu denen, von denen die Gesellschaft annahm, dass sie von Gott entfremdet waren, und sagte ihnen, dass Gott gerade sie in sein Reich ruft: »Die Gesunden brauchen den Arzt nicht, sondern die Kranken. Ich bin nicht gekommen, die Gerechten zu rufen, sondern die Sünder« (Mk 2,17). In Lk 19,10 wird Jesu ganze Sendung so auf den Punkt gebracht: »Denn der Menschensohn ist gekommen, um die zu suchen und zu retten, die verloren sind.« Zwei andere Geschichten, Lk 7,36–50 und auch Joh 7,53–8,11, obwohl nicht Teil des ursprünglichen Evangeliums, illustrieren äußerst bildhaft, wie Jesus mit solchen Leuten umging.

Die bedingungslose Art und Weise, in der Jesus Menschen in seine Gemeinschaft aufnahm, war für viele Leute seiner Zeit anstößig. Sie sagten voll Missbilligung: »Dieser nimmt die Sünder an und isst mit ihnen.« (Lk 15,2). Jesus antwortete ihnen mit einigen seiner eindrucksvollsten Gleichnisse, insbesondere mit dem von dem Vater und seinen beiden ihm entfremdeten Söhnen (Lk 15,11–36), das die Botschaft der Rechtfertigung in Gestalt einer Geschichte weitergibt. Beide Seiten kommen in dieser Geschichte vor: diejenigen, die Sünder genannt werden, und diejenigen, die sich selbst Gerechte nennen. Jesus sagt nicht einfach: Alle sind Sünder. Aber er macht klar, dass die Menschen nur in der Gemeinschaft mit Gott leben können, wenn sie Gottes gnädiger Einladung folgen und sich mit ihm über jeden Menschen freuen, der seiner Einladung folgt.

Es ist kein Zufall, dass die einzige Geschichte, in der Jesus die Sprache der Rechtfertigung gebraucht, von einer ähnlichen Situation handelt. Es ist die Geschichte vom Pharisäer und Zöllner, die im Tempel beten (Lk 18,9–14). Jesu Reaktion auf das Gebet des Zöllners ist: »Ich sage euch, dieser Mensch ist gerechtfertigt in sein Haus hinabgegangen, nicht der andere.« (Lk 18,14). Diese Geschichte hat eine doppelte Botschaft: Auf der einen Seite ermutigt sie die, die sich nach Erbarmen von Gott sehnen. Gott rechtfertigt Sünder, die ihm ihr Leben anvertrauen. Auf der anderen Seite warnt sie die, »die auf sich selbst vertrauen, weil sie meinen, gerecht zu sein, und die anderen verachten« (Lk 18,9). Der Pharisäer wird nicht für das kritisiert, was er tut. Sein Fehler ist, dass er überzeugt ist, seine Stellung vor Gott durch den Vergleich mit anderen gewinnen zu können.

Indem Jesus die Sünder zur Umkehr ruft und die Armen seligpreist, verkündigt er in der Sache die Botschaft von der Rechtfertigung.

c. Die Frohe Botschaft in Jesu heilendem Handeln

Menschen zu heilen, war ein wesentlicher Teil von Jesu Sendung. Er betrachtete seine Kraft, Menschen aus der Herrschaft zerstörerischer dämonischer Mächte zu befreien, als einen wichtigen Ausdruck für den Anbruch der kommenden Herrschaft Gottes. In seiner Antwort an Leute, die ihm vorwarfen, er »treibe die Dämonen durch Beelzebul, den obersten der Dämonen aus« (Lk 11,15), sagte Jesus: »Wenn ich mit dem Finger Gottes die Dämonen austreibe, dann ist das Reich Gottes schon zu euch gelangt.« (11,20). In den befreienden Taten Jesu berührt die rettende Herrschaft Gottes schon jetzt die leidvolle Realität menschlichen Lebens.

Jesu Antwort an Johannes den Täufer (Mt 11,4f.; Lk 7,21f.) zeigt sehr deutlich, dass Jesu heilendes Handeln Teil seiner Verkündigung des Evangeliums ist: »Geht und sagt Johannes, was ihr hört und seht: Blinde werden sehend, Lahme gehen, Aussätzige werden rein, Taube hören, Tote werden auferweckt und den Armen wird das Evangelium verkündigt.« Dass den Armen »das Evangelium verkündigt wird«, ist keine zusätzliche Aktion, die dem heilenden Handeln etwas hinzufügt; es ist vielmehr die Zusammenfassung all dessen, was Jesus tut. Die Kranken zu heilen und diejenigen, die von bösen Geistern besessen sind, zu befreien, ist Teil der Frohen Botschaft, die er den Armen bringt.

In der so genannten *Messianischen Apokalypse* aus Höhle 4 von Qumran (4Q521,2II) findet sich eine ähnliche Kombination von Jes 35,4–7; 61,1f. und Ps 146,7f.: »Er wird in seiner Barmherzigkeit richten und für niemand soll die Frucht guter Taten verzögert werden, und der Herr wird wunderbare Dinge tun, wie sie noch nie gewesen sind, wie er gesagt hat, wird er schwer Verwundete heilen und wird Tote lebendig machen, er wird den Elenden/Demütigen gute Botschaft verkünden, die in Not wird er sättigen, wird die Verlassenen leiten und die Hungrigen reich machen.« Obwohl die erste Zeile des Textes auf Gottes Gesalbten, seinen Messias, verweist, auf den Himmel und Erde hören werden, liegt doch der Schwerpunkt auf Gottes eigenem Handeln. Gott wird seine Verheißung erfüllen und die Hoffnung derer verwirklichen, die ihn erwarten.

Im Licht dieser Tradition wird die volle Bedeutung der Antwort Jesu an den Täufer sichtbar: Jesu heilendes Handeln weist ihn als den Repräsentanten Gottes aus, der die kommende Herrschaft Gottes mit dem Leiden der Menschen verbindet. Indem er die Kranken heilt und den Armen die Frohe Botschaft verkündet, verkörpert Jesus Gottes eschatologische Gerechtigkeit, das heißt Gottes Treue und Erbarmen gegenüber denen, die ihn am meisten brauchen.

Das entspricht einem anderen wichtigen Aspekt von Jesu heilendem Handeln: Er hilft bedingungslos, und ohne Fragen zu stellen, wie: Was hast du (oder haben deine Eltern) getan, dass dir das widerfahren ist? Selbst wenn Jesus einem Lahmen, bevor er ihn heilt, sagt: »Deine Sünden sind dir vergeben.« (Mk 2,5), bedeutet das nicht, dass er nur unter der Bedingung geheilt werden konnte, dass seine Sünde weggenommen wurde. Jesu Heilen und Vergeben sind Ausdruck des bedingungslosen Ja, das Gott in Jesus Christus zu den Menschen spricht.

Das zeigt sich auch an der Rolle, die der Glaube in Jesu Wirken spielt. Jesus fragt diejenigen, die bei ihm Heilung suchen, oder gar die von Dämonen Besessenen nicht, ob sie an ihn glauben. Was er erwartet, ist, dass sie für seine Kraft zu heilen offen sind. Das Fehlen dieser Offenheit hindert ihn daran, in seiner Heimatstadt Nazareth solche machtvollen Taten zu vollbringen (Mk 6,5f.). Aber der Schrei des Vaters eines von Dämonen besessenen Jungen: »Ich glaube, hilf meinem Unglauben!« (Mk 9,24), genügt, um die Tür für Jesu befreiendes Handeln zu öffnen. Wenn die frühe Jesustradition von dem Glauben derer spricht, die Jesus um Hilfe angehen, erwähnen sie keinen besonderen Glauben an ihn als Messias. Es ist ihre Ausdauer, ihre »Hoffnung, wo nichts zu hoffen ist«, die ihre Haltung Jesus gegenüber als »Glauben« kennzeichnet (Mk 5,34). Nicht selten geht es dabei gar nicht um den Glauben derer, die Hilfe brauchen, sondern derer, die für sie sorgen (Mk 2,5; 9,24; Mt 8,10; 15,28). Oft sagt Jesus erst nach vollbrachter Heilung: »Dein Glaube hat dich gesund gemacht.« (Mk 5,34; 10,52; Lk 17,19). Man könnte diese Aussage auch übersetzen: »Dein Glaube hat dich gerettet.« (Lk 7,50; 18,42). Offensichtlich gibt es in Jesu heilendem Handeln eine tiefere Dimension: Hier begegnen Menschen der rettenden Kraft des Reiches Gottes, die sie in der Gemeinschaft mit Gott »heil« macht.

Jesus spricht denen, die an Entfremdung von Gott leiden und von Mächten des Bösen beherrscht werden, Gottes bedingungsloses Ja zu. Sie nehmen dieses Ja an und antworten darauf mit ihrem Glauben. Das »Fürchte dich nicht! Glaube nur!« (Mk 5,36; Lk 8,50) in der Jesustradition entspricht dem *sola fide* der Rechtfertigungsbotschaft in der Verkündigung des Paulus.

d. Die Frohe Botschaft und Jesu Tod und Auferstehung

In die gleiche Richtung werden wir geführt, wenn wir versuchen, die Geschichte des Leidens und der Auferstehung Jesu als tiefsten Ausdruck des Evangeliums zu verstehen. Die größte Leistung des Markus bei seinem Unternehmen, die Geschichte der öffentlichen Wirksamkeit Jesu als *Evangelium* von Jesus Christus zu schreiben, war sicher die Entscheidung, die Überlieferungen von seinem Wunderwirken in Galiläa mit der Erzählung von seiner Passion in Jerusalem und der Botschaft von seiner Auferstehung zu verbinden. Alle kanonischen Evangelien sind Markus in dieser grundsätzlichen Anordnung gefolgt. Der Hintergrund dieser Entscheidung dürfte in der alten katechetischen Formel zu finden sein, die Paulus in 1Kor 15,3-5 zitiert und die den Inhalt des Evangeliums beschreibt, indem sie die grundlegenden Tatsachen von Tod und Auferstehung Jesu zusammen mit ihren soteriologischen Implikationen auflistet.

Dies ist das Evangelium und das sind die Ereignisse, von denen Paulus sagt, dass in ihnen »die Gerechtigkeit Gottes offenbart wurde aus Glauben zum Glauben« (Röm 1,17; vgl. 3,21).

Die älteste Evangelientradition war allerdings eher zurückhaltend, die Bedeutung der Passion Jesu mit theologischen Begriffen zu interpretieren. Historisch gesehen können wir nicht sicher sein, wie Jesus seinen eigenen Tod verstanden hat. Nichtsdestoweniger finden wir schon in zwei sehr frühen Traditionen, die Markus benutzt hat und die in seinem Evangelium als entscheidende Signale zum Verständnis des Leidens Jesu dienen, eine sehr klare Interpretation der soteriologischen Bedeutung von Jesu Tod und Auferstehung.

Die erste Stelle findet sich in Mk 10,45: »Denn der Menschensohn ist nicht gekommen, um sich dienen zu lassen, sondern um zu dienen und sein Leben als Lösegeld für viele zu geben.« Das ist eine wunderbare Zusammenfassung von Jesu Leben und Sterben unter dem übergreifenden Thema des Dienstes als Ausdruck seiner ganzheitlichen Proexistenz. Das Stichwort »Lösegeld« spielt auf das ganze Bündel von Stellen im Alten Testament zum Thema *Erlösen - Erlöser - Erlösung* an (vgl. Jes 43,1-4). Es deutet Jesu Tod als den totalen Einsatz und die völlige Aufopferung seines Lebens, um die Menschen aus ihrer Gefangenschaft unter Sünde und Tod auszulösen und zu befreien. »Für viele« ist eine Anspielung auf Jes 53,12, wo »viele« ganz eindeutig keine Einschränkung von »alle« meint, sondern die wörtliche griechische Wiedergabe einer hebräischen Wendung darstellt, die umfassende Inklusivität anzeigt.

Die zweite entsprechende Aussage findet sich in den Worten, durch die Jesus die Bedeutung von Brot und Kelch bei seinem letzten Mahl erklärt (Mk 14,22-24). Beim Brotwort ist die älteste Fassung sehr einfach: »Nehmt, das ist mein Leib.« So, wie das Brot gebrochen und am Tisch geteilt wird, so wird auch das Leben Jesu »gebrochen« und von denen, die zu ihm gehören, geteilt werden. Das Kelchwort enthält eine detailliertere Feststellung: »Dies ist mein Blut des Bundes, das für viele vergossen wird.« Der alttestamentliche Hintergrund für diese Worte findet sich in Ex 24. So, wie das Blut, das Mose gegen die Seiten des Altars und über die Israeliten versprengte, die neue Gemeinschaft in dem Bund markierte, den Gott auf dem Berg Sinai geschlossen hatte, so begründet das »Blut« Jesu, d. h. sein Leben, das er für viele »vergossen« hat, den neuen Bund zwischen Gott und der Menschheit. Auch hier spielt »für viele« auf Jes 53,12 an und weist auf die alle einschließende Bedeutung des Todes Jesu hin.

Diese beiden Aussagen weisen darauf hin, wie die folgende Erzählung von Jesu Leiden und Auferstehung verstanden werden will. Es ist die Geschichte von Gottes Ja zu den Menschen: ein Ja, das Gottes Solidarität mit menschlichem Leiden und Tod einschließt, aber zugleich ein Ja, das Sünde und Tod überwindet, weil es Gottes Sohn ist, der sie als menschlicher Repräsentant der Herrschaft Gottes und seines unwiderruflichen Bekenntnisses zum Leben auf sich nimmt. Kurz gesagt: Jesu Weg ans Kreuz und seine Auferweckung sind der tiefste Ausdruck für Gottes bedingungslose Gnade.

e. Die Einheit des Evangeliums

Um das Ergebnis zusammenzufassen: Sowohl das Evangelium Jesu Christi, in dem Jesus selbst das Kommen der Herrschaft Gottes ankündigt und schon jetzt lebt, als auch das Evangelium von Jesus Christus, wie es Paulus in seiner Rechtfertigungstheologie auslegt, sind beide Ausdruck von Gottes eschatologischem Ja zu den Menschen. Sie entfalten diese Botschaft in unterschiedlicher Sprache, aber sie stimmen darin überein, dass dieses Ja Gottes bedingungslosen Ruf an alle darstellt, die offen dafür sind, seine heilende, befreiende und versöhnende Gemeinschaft zu teilen.

4. Das Himmelreich und Gottes Gerechtigkeit im Matthäusevangelium

Das Matthäusevangelium kann charakterisiert werden als Evangelium des Himmelreichs, das mit Jesu Sendung anbricht und am Ende der Zeiten vollendet werden wird. Alles, was Jesus tut, seine Verkündigung, seine Lehre und sein heilendes Handeln, arbeitet auf dieses Ziel hin (Mt 4,23; 9,35), und an dem, was durch ihn geschieht, zeigt sich, dass dieses Reich schon da ist (12,28). Das macht eine Entscheidung unausweichlich: Wer zu diesem Reich gehören will, ist aufgerufen, umzukehren bzw. sich den Anforderungen des Reichs zu stellen. Dieses Reich, das schon begonnen hat und in der Zukunft vollendet werden wird, darf nicht in einem geographisch definierten Bereich gesucht werden. Vielmehr geht es dabei um eine *relecture*, ein neues Lesen von *dikaiosynē*; es geht darum, völlig neu zu verstehen, was Gerechtigkeit bedeutet, so, wie es der matthäische Jesus seinen Jüngern oder den potenziellen Empfängern des Reichs erklärt.

Aber auch wenn diese Gerechtigkeit »neue«, »bessere« oder »höhere« Gerechtigkeit genannt wird (5,20), bedeutet das keine Ablehnung der jüdischen Tradition. Es ist eine neue Deutung und führt das Gesetz über die Art und Weise hinaus, in der es bisher nach der jüdischen Tradition praktiziert wurde. Der Zusammenhang, in dem diese *dikaiosynē* in der Erzählung des Matthäus in Erscheinung tritt, wird uns helfen zu verstehen, welche Spannung entsteht zwischen einem falschen Verständnis der Sendung Jesu, also der Gerechtigkeit der Schriftgelehrten und Pharisäer, und dem, was wir »neue« oder »höhere« Gerechtigkeit nennen. Zu beachten ist dabei, dass »Schriftgelehrte und Pharisäer« als literarische Figuren in der Erzählung des Matthäus erscheinen und nicht als historisch rekonstruierbare Gruppen.

a. Das Reich (basileia) im Matthäusevangelium

Das Wort *basileia*, das »Reich« oder »Königsherrschaft« bedeutet, kommt im Matthäusevangelium 54 Mal in unterschiedlichen Wortverbindungen vor. Zwei von ihnen, *basileia tou theou* (Reich Gottes) und *basileia tōn ouranōn* (Himmelreich), werden von Matthäus verwendet, um die gleiche Wirklichkeit zu bezeichnen.

Basileia ist im Matthäusevangelium wie in der ganzen synoptischen Tradition ein zentraler theologischer Begriff. Er stellt das Schlüsselwort für die Verkündigung Jesu dar. Wenn Matthäus Jesu Botschaft als »die Frohe Botschaft vom Reich« (*euaggelion tēs basileias*) kennzeichnet (4,23; 9,35; 24,14; vgl. 13,19), dann macht er deutlich, dass für ihn die Botschaft der Kirche in nichts anderem besteht als in dem, was Jesus gelehrt hat (vgl. 28,20). Was er verkündet hat, bleibt Inhalt des Evangeliums. Das unmittelbare Bevorstehen des Reiches ist der Inhalt der Botschaft Johannes des Täufers (3,2), Jesu (4,17) und der Kirche (10,7). Das wird in vielen Gleichnissen, die auf das Himmelreich Bezug nehmen, ausdrücklich herausgestellt (Mt 13). Dabei vertritt Matthäus die Überzeugung, dass das Reich schon gekommen, aber noch nicht vollendet ist. Das Kommen des Reiches Gottes vollzieht sich Schritt für Schritt, indem es sich zu seiner zukünftigen Vollendung hin entfaltet. Wenn Jesus die Wendung »ist nahegekommen« benutzt statt eines Wortes, das wie »ist gekommen« auf ein vollendetes Geschehen hinweist, tut er das wohl sehr bewusst. Er will damit deutlich machen, dass die Gegenwart des Reiches Gottes jetzt ihren Anfang nimmt. Jesus kann vom Reich Gottes als von einer gegenwärtigen und zukünftigen Wirklichkeit sprechen.

Weiter kann *basileia* auch die Wirklichkeit des Heils beschreiben, das die Gerechten »erben« werden, wenn der Menschensohn sie im Jüngsten Gericht annimmt und rechtfertigt (25,34). Die Verwendung von *eiserchesthai*, »hineingehen«, in Zusammenhang mit *basileia* zeigt, dass der Begriff nicht nur die funktionale Bedeutung von »Herrschaft« besitzt, sondern auch einen Bereich beschreibt, in dem die Gerechten vollkommene Gemeinschaft mit Gott in Frieden und Freiheit erleben werden. Insgesamt ist *basileia* der Inbegriff des Heils, das in den Wundern Jesu, seiner Auferstehung und der Vollmacht des Gottessohnes (28,18) Wirklichkeit wird. Aber all das, was das Reich ist und gibt, kann nur auf einem Weg erreicht werden, nämlich durch das Tun der *dikaiosynē*.

b. Die basileia und das endzeitliche Gericht

Basileia bezieht sich also auf verschiedene Sachverhalte. Der Eintritt in die *basileia* wird denen versprochen, die die »bessere Gerechtigkeit« vollbringen (5,20), oder denen, die den »Willen des Vaters tun« (7,21), oder dem, der umkehrt und »wie ein Kind« wird (18,3). In einigen Fällen wird das Reich auch mit der Vorstellung vom Jüngsten Gericht verbunden; das wird in vielen Gleichnissen hervorgehoben (13,41–43.49f.; 18,34f.; 20,16; 22,11–14; 25,12f.29f.). Dann wird »das Ende der Weltzeit« kommen (28,20). Der König wird die Gerechten von den Ungerechten (7,21f.), die Schafe von den Böcken (25,31–46), den Weizen vom Unkraut (13,37–43) scheiden. Diejenigen, die nicht den Willen des Vaters getan haben (7,21) und die nicht an Christus geglaubt haben (18,6), werden ewige Strafe empfangen (13,42; 25,46), die Gerechten aber werden in das ewige Leben eingehen (13,43; 25,34.46).

Bei Matthäus ist Gerechtigkeit sehr eng mit der Vorstellung von Gericht und Vergebung verbunden. Die Jünger werden ermutigt, Gottes gnädige Vergebung anzunehmen; ihnen wird aber auch gesagt, dass denen, die nicht bereit sind zu vergeben, auch nicht vergeben werden wird. Das Gleichnis vom Schalksknecht veranschaulicht die Größe göttlicher Vergebung. Aber das paränetische Interesse des Matthäus hat ihn dazu geführt, dem eine Warnung hinzuzufügen, nämlich die, dass ein Herr, der vergibt, einen Knecht, der nicht bereit ist zu vergeben, strafen wird (18,23–35). Auch das Vaterunser macht klar, dass die Bereitschaft, anderen zu vergeben, die Bedingung dafür ist, den Segen der Vergebung zu empfangen, der mit dem Kommen des Reiches verbunden sein wird (6,12.15).

c. Die Theologie der Gerechtigkeit Gottes nach Matthäus

Um die Auffassung von Gerechtigkeit im Matthäusevangelium zu verstehen, ist es nötig, den sozialen und religiösen Kontext zu beleuchten, in dem der Verfasser sie definiert. Offensichtlich steht das Matthäusevangelium vor einer historischen Herausforderung: Der Verfasser und die Gemeinschaft, in der er lebt, befinden sich mitten in einer Debatte über die Bedeutung des Gesetzes für diejenigen, die an Christus glauben. Nach Matthäus ist das Verständnis von Gerechtigkeit durch ganz unterschiedliche Vorstellungen im Blick auf das Gesetz gekennzeichnet. Soll man es ganz aufgeben oder es mit allen seinen Vorschriften erfüllen (5,17)? Jesus wendet sich also gegen die Position einer bestimmten Gruppe von Christen und ihr Verständnis von seinem Kommen und seiner Sendung. Sie dachten, Jesus sei gekommen, um »das Gesetz und die Propheten« zu beseitigen oder für ungültig zu erklären (7,12). Richtig aber ist, »das Gesetz und die Propheten« als Ausdruck des Willens Gottes anzusehen, und zwar in einem Verständnis, das umfassender ist, als Vorschriften und Gebote vermitteln können.

Dennoch darf das Verständnis von Gerechtigkeit im Matthäusevangelium nicht auf den Konflikt im Blick auf das Gesetz beschränkt werden. Tatsächlich bezieht sich das erste Vorkommen des Wortes auf das Kommen Jesu und richtet sich an Johannes den Täufer (3,15). Die Taufe Jesu durch Johannes geschieht, damit »alle Gerechtigkeit erfüllt wird«. Darüber hinaus kann schon das Kommen des Täufers als Parallele zum Kommen Jesu und deshalb als ein Kommen »auf dem Weg der Gerechtigkeit« gesehen werden (21,32). Matthäus versteht also die Sendung Jesu als einen Ausdruck des Willens Gottes, wie er im Gesetz und den Propheten beschrieben worden ist.

Auf diese Weise bestimmt Jesus Gerechtigkeit als den eschatologischen Willen Gottes und das Gesetz als den Maßstab, an dem sich christliche Ethik messen lassen muss. Nach 5,17–20 leitet sich die Bedeutung des Gesetzes in der christlichen Gemeinde von Jesu autoritativer Feststellung ab, die durch den mehrmaligen Gebrauch des Personalpronomens »Ich« unterstrichen wird. Wer das Gesetz übertritt, wird »der Letzte im Himmelreich genannt werden«. Umgekehrt wird Gott den ehren, der auch das geringste Gebot des Gesetzes achtet (5,19). Gehorsam gegenüber dem ganzen Gesetz ist das, was im Himmelreich zählt, in das aber nur die eingehen werden, die – wie die Kinder – nicht um eine Belohnung feilschen und deren Gerechtigkeit ganz auf Gottes Willen ausgerichtet ist (18,1–5; 5,20).

Jesus bekräftigt nach 5,17–19 zwei Dinge: Christen sollen nicht glauben, seine Gegenwart bedeute eine Lockerung oder gar Aufhebung der Vorschriften im Gesetz. Im Gegenteil: Gerade sie haben von jetzt an weniger als irgendjemand sonst das Recht, auch nur das geringste Gebot zu verachten.

In 5,20 wird *dikaiosynē* als das entscheidende Kriterium für das Heil herausgestellt. Es ist eine Gerechtigkeit, die nicht getrennt vom Gesetz gesehen werden darf. Die Antithesen der Bergpredigt (5,21–48) sind eine Erklärung dessen, was Jesus Gerechtigkeit nennt, und sollen die Jünger zur Vollkommenheit führen, »wie euer himmlischer Vater vollkommen ist« (5,48). Jesus begründet so das neue Verständnis des Gesetzes, das im Gegensatz zu der Vorstellung der »Schriftgelehrten und Pharisäer« steht. Dabei kennzeichnet *dikaiosynē* ein Verhalten, das in Einklang mit Gottes Willen steht.

d. Gerechtigkeit – Gabe und Ruf

Es gibt einen entscheidenden Unterschied zwischen dem matthäischen Verständnis der Tora und dem der »Schriftgelehrten und Pharisäer«. »Ihr habt gehört, dass zu den Alten gesagt wurde, ... Ich aber sage euch: ...« (5,21f.; vgl. 5,27.31.33.38.43). Jesus zitiert also das traditionelle Verständnis von Gerechtigkeit, bevor er es in Frage stellt. Der Übergang zwischen beidem wird durch die koordinierende Konjunktion *de* markiert, die entweder einen Gegensatz feststellt oder den Wortlaut hervorhebt. Jesu eigenes Verständnis des Willens Gottes wird also in Gegensatz zum traditionellen Verständnis des Gesetzes gesetzt. Die Wiederholung betont das Gewicht der semantischen Gegenüberstellung (5,20.22.28.32.34.39.44). Jesu Erklärung bestätigt nicht nur das, was durch die Tradition überliefert wurde, sondern er geht weit darüber hinaus, indem er es bekräftigt.

Das traditionelle Verständnis des Gesetzes ist auf Handlungen begrenzt, die erkennbar sind, wie z.B. einen Mord verüben (5,21), Ehebruch begehen (5,27), seine Frau verstoßen (5,31) oder einen Meineid leisten (5,33). Aber für den matthäischen Jesus geht Gerechtigkeit über das hinaus, was man beobachten kann: Diejenigen, die sich zum Zorn hinreißen lassen, haben schon einen Mord verübt; wer eine Frau ansieht, nur um sie zu begehren, hat schon Ehebruch begangen. Dieser Haltung entspricht die Feststellung in 6,1: »Hütet euch davor, eure Frömmigkeit vor den anderen zu praktizieren, um von ihnen gesehen zu werden; denn sonst habt ihr keinen Lohn von eurem Vater im Himmel zu erwarten.« Jesus tadelt hier die »Pharisäer« im Blick auf ihre Gerechtigkeit, denn sie praktizieren ihre Frömmigkeit, um von anderen anerkannt zu werden. Aktionen wie Almosengeben, Fasten oder Beten werden zur Leistungsschau in Synagogen oder an belebten Plätzen benutzt (6,1–5.16). Matthäus stellt also das Gesetz nicht in Frage; aber er gibt ihm einen sehr viel persönlicheren und umfassenderen Sinn.

Gerechtigkeit beschränkt sich nicht auf das, was erkennbar ist; sie schließt auch das ein, was in den Heimlichkeiten des Herzens ausgedacht wird. Gerechtigkeit besteht nicht länger mehr nur darin, eine Reihe von moralischen Regeln anzuwenden; sie schließt nun auch die Prüfung des Inneren der Jünger mit ein, dieses unsichtbaren Teils einer Person, der nur Gott zugänglich ist. Nur Gott sieht diesen verborgenen Ort, wo die Motive für bestimmte Handlungen geboren werden, den Ort, von dem aus man aber auch den Glaubenden erst verstehen kann. Gerechtigkeit geht von diesem Ort aus, der menschlichen Augen verborgen ist, aber von Christus beherrscht wird. Er allein kann das menschliche Wertesystem verändern und die Jünger befähigen, die »neue« Gerechtigkeit zu leben.

Die matthäische Interpretation des Gesetzes ist ein Ruf zur Vollkommenheit (5,48). Jesus möchte die Tatsache unterstreichen, dass die praktische Anwendung des Gesetzes allein nicht für das Reich Gottes genügt, da der Anspruch, das Gesetz in der Praxis zu befolgen, eine bloße Behauptung sein kann (23,3). Das Gesetz zu befolgen kann zum Beispiel Blindheit und Stolz verbergen, was dazu führt, sich selbst zu überschätzen und andere zu verachten (7,1–5). Mit anderen Worten: Es ist Jesus, der zur Gerechtigkeit führt, und nur durch ihn kann man die »höhere« Gerechtigkeit anstreben, die zum Himmelreich führt. Im Gegensatz zur Gerechtigkeit der »Pharisäer«, die ein Ergebnis eigener Anstrengung ist, ist die »höhere« Gerechtigkeit ein Geschenk Gottes. Sie wird nicht durch den Gehorsam gegenüber den Vorschriften des Gesetzes definiert, sondern durch die völlige Abhängigkeit von Gott. Mit den Worten von Matthäus: »Trachtet zuerst nach dem Reich Gottes und seiner Gerechtigkeit, dann wird euch all das andere dazugegeben werden.« (6,33).

Das wird schon durch die matthäischen Seligpreisungen bestätigt, in denen Jesus zusagt, dass das Himmelreich den »Armen im Geist« gehört (5,3). Nach Mt 5,6 preist Jesus die selig, die »hungern und dürsten nach Gerechtigkeit«, weil sie gesättigt werden. In der Tat, Hunger und Durst verweisen auf eine brennende Sehnsucht und sind Bedürfnisse des Herzens wie des Leibes. Menschen, die wirklich hungern und dürsten, sind an ihre Grenzen gekommen. Die Gerechtigkeit, nach der die Bedürftigen streben, ist nicht nur soziale Gerechtigkeit, sondern das souveräne Urteil

Gottes, der die Unterdrückten befreit. Nach Gerechtigkeit hungern und dürsten bedeutet, sich nach einer Beziehung zu sehnen, die vom Gehorsam und vom Vertrauen gegenüber Gott getragen ist.

e. Das Paradox der Gerechtigkeit

Jesu Lehren und Handeln verkörpert die »neue« Gerechtigkeit, die sich nicht von menschlichen Gesetzen ableitet, sondern unter die Logik des Liebesgebotes fällt (22,37–40). Mit anderen Worten: Diese Gerechtigkeit löst das Gesetz ab, wann immer es die menschliche Würde verletzt. Es ist eine paradoxe Gerechtigkeit insofern, als Jesus nicht gekommen ist, die »Gerechten« zu rufen, sondern die Sünder (9,13). Das überschreitet die Grenzen, die vom Gesetz gezogen werden. Bei verschiedenen Gelegenheiten ist Jesus im Gespräch mit den »Schriftgelehrten und Pharisäern«, die kritisieren, dass sein Verhalten nicht den Maßstäben entspricht, die nach der jüdischen Tradition für Gerechte gelten. So berührt er zum Beispiel Aussätzige, die der Inbegriff von Unreinheit sind (8,1–4); er heilt den Knecht eines Heiden (8,5–13); er verletzt den Sabbat (12,1–8); er isst mit »Sündern« (9,10f.; 11,19); seine Jünger halten sich nicht an die Reinheitsgesetze (15,1–9); er selbst eröffnet eine neue Sicht auf die Frage der Unreinheit (15,10–20); er spricht mit einer ausländischen Frau und heilt ihre Tochter (15,21–28). Im Gleichnis von den Arbeitern im Weinberg (20,1–16) tritt Jesus für eine ganz unerwartete Logik ein, da Gottes Güte alles schenkt, was Menschen brauchen, und stellt die Forderung einer leistungsadäquaten Bezahlung in Frage.

Während die Pharisäer Jesu abweichendes Verhalten als gegen das Gesetz gerichtet betrachten, stellt Matthäus es als Ausdruck der »höheren Gerechtigkeit« dar, weil es darauf zielt, der Not des Nächsten zu begegnen, und die praktische Anwendung des Liebesgebotes verwirklicht. Wenn Jesus sagt, dass seine Jünger »vollkommen« sein sollen (5,48), meint er, dass sie in ihrer Aufmerksamkeit für andere Reife und Offenheit für alle beweisen sollen. Jesus erklärt seinen Jüngern, dass Liebe jedem Menschen gilt, selbst dem Feind: »Ich aber sage euch: Liebet eure Feinde und betet für die, die euch verfolgen, dass ihr Söhne eures Vaters im Himmel seid. Denn er lässt seine Sonne aufgehen über Böse und Gute, und lässt regnen über Gerechten und Ungerechten.« (5,44f.). Gerechtigkeit ist beides: sowohl Gabe als auch Aufgabe, ein Ruf, der die Jünger dazu bewegt, auf andere zu achten. Sie stellt eine ausgewogene Harmonie dar zwischen Gottes Geben und dem, was von uns erwartet wird.

f. Das Himmelreich und die Theologie der Gerechtigkeit

Die Botschaft des Matthäusevangeliums kann als Übergang von dem Prinzip des Gesetzes zu dem der Gerechtigkeit verstanden werden. Der Buchstabe des Gesetzes weicht der Gerechtigkeit. Was aber wichtig ist und bleibt, ist das Ziel des Gesetzes. An Stelle des Gehorsams gegenüber dem Buchstaben des Gesetzes wird die Offenbarung der Gerechtigkeit entscheidend, die ein neues Verständnis von Gott, von uns selbst und von anderen eröffnet. Wer nicht im Stande ist, im Gesetz (und zwar im Licht Christi) die Verheißung dieses neuen Verständnisses von Gott, uns selbst und der anderen zu sehen, kann nicht ins Himmelreich kommen. Matthäus hält zwei gegensätzliche Elemente in einer kreativen Spannung fest: das *Gesetz als Gebot*, an dem sich der Platz im Himmelreich entscheidet, und *Gerechtigkeit*, durch die Christus das »Gesetz und die Propheten« erfüllt. Gerade so wird der ursprüngliche Wille Gottes ans Licht gebracht. In seiner Erzählung und seiner theologischen Perspektive stellt Matthäus Jesus als den Katalysator des Himmelreiches vor, zu dem nur Zugang erhält, wer die »neue« Gerechtigkeit tut. Es besteht also eine ganz enge Beziehung zwischen dem Himmelreich und der Gerechtigkeit, und der Eintritt in das Himmelreich hängt von der Gerechtigkeit ab, die Jesus Christus selbst gebracht und gelehrt hat.

g. Gerechtigkeit nach Matthäus und Rechtfertigung nach Paulus

Die matthäische Vorstellung von Gerechtigkeit hat ihr ganz spezifisches Profil, gerade wenn man sie mit der Art vergleicht, wie Paulus die biblische Tradition der Gerechtigkeit verwendet. Wenn Matthäus von Gerechtigkeit spricht, dann steht ein menschliches Verhalten im Mittelpunkt, das in völliger Übereinstimmung mit Gott gelebt wird. Im Blick auf das Jüngste Gericht unterstreicht Matthäus die Anstrengungen der Jünger, Gottes Gebote zu befolgen, und die Bereitschaft, einander zu vergeben. Der Jakobusbrief weist in eine ähnliche Richtung, wenn er betont, dass Glaube und Werke zusammengehören und dass der Tag des Gerichts im Bewusstsein bleiben muss.

Und doch kann das matthäische Verständnis von Gerechtigkeit nicht gegen die paulinische Rechtfertigungslehre ausgespielt werden. Man muss im Gedächtnis behalten, dass es auch bei Paulus eine untrennbare Beziehung zwischen der rettenden Tat der Rechtfertigung und ihren Folgen im Leben der Gläubigen gibt. Umgekehrt gilt: Auch wenn Matthäus von Gerechtigkeit spricht, umfasst das nicht nur die Ethik oder das Jüngste Gericht. Nach Matthäus ist Jesus der Erste, der dadurch, dass er in die Welt kam und ans Kreuz ging, »alle Gerechtigkeit erfüllt« hat (3,15). Es sind diejenigen, die »nach Gerechtigkeit hungern und dürsten«, die seliggepriesen werden (5,6). Matthäus fordert seine Jünger auf, in Jesu Fußstapfen zu treten, indem sie tun, was vor Gott recht ist.

5. Die Rechtfertigungslehre in johanneischer Perspektive

Das johanneische Evangelium, d. h. die Frohe Botschaft, wie sie im vierten Evangelium und den drei Briefen des Johannes dargeboten wird, ist im Gebrauch der expliziten Rechtfertigungsterminologie relativ zurückhaltend. Zwei bemerkenswerte Ausnahmen sind in dieser Hinsicht die Grundsatzerklärung in Joh 16,7–11, die besagt, dass der »Beistand«, wenn er kommt, die Welt im Blick auf die Gerechtigkeit überführen wird, und die dreimalige Erwähnung des Tuns der Gerechtigkeit in 1Joh 2,28–3,10 (»wer die Gerechtigkeit tut, ist gerecht, wie Er gerecht ist«; 3,7). Dennoch lassen sich viele der theologischen Aussagen, die mit der Rechtfertigungslehre verknüpft werden, auch im johanneischen Evangelium erkennen, allerdings in der typisch johanneischen Redeweise und aus einer erkennbar johanneischen Perspektive.

a. Menschliche Sündhaftigkeit

Der Erste Johannesbrief unterstreicht die Sündhaftigkeit der Gläubigen und stellt fest: »Wenn wir sagen, dass wir keine Sünde haben, betrügen wir uns selbst ... Wenn wir sagen, dass wir nicht gesündigt haben, machen wir ihn zum Lügner.« (1Joh 1,8.10). Die Sünde anzuerkennen ist eine Bedingung für Vergebung, denn »wenn wir unsere Sünden bekennen, wird er, der treu und gerecht ist, uns unsere Sünden vergeben und uns von aller Ungerechtigkeit reinigen.« (1Joh 1,9). Vergebung der Sünden kommt von Gott, der treu und gerecht ist, und wird vermittelt durch Jesus Christus, der geoffenbart wurde, um die Sünden wegzunehmen (1Joh 3,5). Er ist »das Lamm Gottes, das die Sünde der Welt wegnimmt.« (Joh 1,29). Um des Namens Jesu willen sind die Sünden vergeben (1Joh 2,12). Wenn aber Menschen nicht an Jesus glauben, bleibt ihre Sünde und verurteilt sie (Joh 9,41; vgl. 8,24; 12,46; 16,8f.).

b. Die Initiative des Vaters

Im gesamten *Corpus Johanneum* wird unterstrichen, dass die Initiative im Drama des Heils die Initiative Gottes ist. Das bekannte Wort »Denn so sehr hat Gott die Welt geliebt, dass er seinen einzigen Sohn gab, damit alle, die an ihn glauben, nicht verloren werden, sondern das ewige Leben haben. Denn Gott hat den Sohn nicht in die Welt gesandt, dass er die Welt richte, sondern dass die Welt durch ihn gerettet werde.« (Joh 3,16f.; vgl. 1Joh 4,10) ist nur eine unter vielen Aussagen, die die Initiative des Vaters hervorheben und betonen, dass er den Sohn um unserer Rettung willen gesandt hat.

Die Sendung des Sohnes geht von der Liebe des Vaters aus und ist als Handeln des Vaters durch nichts anderes begründet als durch diese Liebe. Heil ist ein Geschenk des Vaters, der durch den Sohn handelt. »Der Vater liebt den Sohn und hat alle Dinge in seine Hand gelegt.« (Joh 3,35; vgl. 13,3; 17,24). Wie der Vater den Sohn liebt, so liebt der Sohn seine Jünger. Es gibt eine Kette der Liebe, die die Liebe des Vaters zum Sohn (Joh 10,17; 15,9; 17,26) mit der Liebe des Sohns für seine Jünger (Joh 13,1.34; 15,9.12) zusammenschließt und diese befähigt, einander zu lieben (vgl. 1Joh 4,11). Das Gebot, einander zu lieben (Joh 13,34; 15,17), ist ein Geschenk Jesu, das diese Liebe erst ermöglicht (vgl. 1Joh 3,23).

c. An den Sohn glauben

Den Sohn anzunehmen und Heil zu empfangen, heißt: an den Sohn glauben. Aber Glaube ist nur in dem Maße möglich, in dem der Vater dazu befähigt. »Niemand kann zu mir kommen, es sei denn, der Vater, der mich gesandt hat, ziehe ihn; und ich werde ihn auferwecken am Jüngsten Tag.«, sagt der johanneische Jesus zu seinen Jüngern (Joh 6,44; vgl. 6,37). Auch die Fähigkeit, zu Jesus zu kommen, ist Geschenk des Vaters (*dedomenon ... ek tou patros*; Joh 6,65).

An den Sohn zu glauben, führt zum Leben (Joh 3,36). In der johanneischen Terminologie ist Leben, das sich im Glauben erschließt, ewiges Leben (*zōē aiōnios*; vgl. Joh 3,15f.36; 4,14.36; 5,24.39; 6,27.40.47.54.68; 10,28; 12,25.50; 17,2f.; 1Joh 1,2; 2,25; 3,15; 5,11.13.20). Es ist Gabe Jesu (Joh 10,28; 17,2) und des Geistes (Joh 6,63). Der Geist selbst ist eine Gabe, die uns verliehen ist (Joh 14,16f.; 1Joh 3,24; 4,13), eine Gabe, die keine Grenze kennt (3,34; vgl. 7,39a). Letztendlich ist ewiges Leben Gabe Gottes, und es ist wahres Leben, weil es Leben »im« Sohn Gottes ist (1Joh 5,11f.). Es ist der Wille des Vaters, dass alle, die den Sohn sehen und an ihn glauben, das ewige Leben haben (Joh 6,40). Jesu Erhöhung am Kreuz war notwendig, damit jeder, der an ihn glaubt, ewiges Leben hat (Joh 3,15).

d. Eine Kette des Lebens

Wie es eine Kette der Liebe von der Liebe des Vaters über die Liebe des Sohnes bis zur Liebe der Jünger untereinander gibt, so gibt es auch eine Kette des Lebens vom Vater über den Sohn (Joh 5,26) hin zu den Jüngern: »Wie mich der lebendige Vater gesandt hat und ich durch den Vater lebe, so wird auch der, der mich isst, durch mich leben.« (Joh 6,57). Das Gleichnis vom wahren Weinstock (Joh 15,1–17) spricht von diesem Leben als von einer gegenseitigen Einwohnung von Jesus und seinen Jüngern: »Ich bin der Weinstock, ihr seid die Reben. Wer in mir bleibt und ich in ihm (*ho menōn en emoi kagō en autō*), trägt viele Frucht, denn ohne mich könnt ihr nichts tun.« (15,5; vgl. 6,56; 15,4.6). Wieder ergreift dabei der Vater die Initiative, denn der Vater ist der Weingärtner (15,1). Gerade weil der Vater in Jesus bleibt und Jesus im Vater (Joh 14,10f.), hat die gegenseitige Einwohnung von Jesus und seinen Jüngern Anteil an der gegenseitigen Einwohnung von Vater und Sohn.

Dieses neue Leben beginnt damit, dass ein Mensch »aus Wasser und dem Geist geboren« wird (Joh 3,5). Das ist eine Geburt »von oben« (Joh 3,3), eine Geburt, die der Geist bewirkt (Joh 3,6). Und dieses Leben wird dadurch erhalten, dass man das Fleisch des Menschensohns isst und sein Blut trinkt (Joh 6,50f.54). Darum ist dieses Leben ewiges Leben und vollendet sich in der Auferweckung am Jüngsten Tag (Joh 6,54). Das Fleisch des Menschensohnes zu essen und sein Blut zu trinken, bedeutet, dass lebensspendendes Brot als Geschenk Jesu vom Himmel herabkommt (Joh 6,27.51). Letztendlich aber ist auch dies das Geschenk des Vaters, denn »es ist mein Vater, der euch das wahre Brot vom Himmel gibt« (Joh 6,22).

e. Die Gaben des Vaters

Durch das ganze vierte Evangelium hindurch wird immer wieder das Geben des Vaters, das der Sohn vermittelt, hervorgehoben (vgl. Joh 16,23). Unter den Worten, die der Evangelist sehr häufig für das, was geschieht, verwendet, findet sich das Wort »geben« (*didōmi*). Es erscheint 80 Mal im vierten Evangelium. In den meisten Fällen wird es benutzt, um zu beschreiben, was der Vater dem Sohn gegeben hat und was der Sohn denen gibt, die an ihn glauben. Es geht also um die Gabe des Vaters (*dōrean tou theou*; Joh 4,10), die durch den Sohn vermittelt wird. Der Dialog zwischen

Jesus und der samaritanischen Frau (Joh 4,7–15) hebt Jesu Gabe hervor, die Leben schenkt, das zum ewigen Leben emporströmt.

Diese Gaben müssen im Licht der alles umfassenden Aussage des Prologs betrachtet werden: »allen, die ihn aufnahmen, die an seinen Namen glaubten, gab er Macht, Kinder Gottes zu werden« (Joh 1,12; vgl. 1Joh 3,1). Sie können nicht sündigen, weil sie aus Gott geboren sind (1Joh 3,9). Das Gegenteil zu dem Tun dessen, was sündig ist, ist das Tun dessen, was recht ist, und wer tut, was recht ist, ist gerecht (*ho poiōn tēn dikaiosynēn dikaios estin*), so, wie der Sohn Gottes gerecht ist (1Joh 3,7).

Indem die johanneische Theologie betont, dass nur die, die an Jesus Christus als den Sohn Gottes glauben, das ewige Leben empfangen (Joh 3,16; 11,25f.; 20,31), macht sie eindeutig klar, dass es ganz und gar ein Geschenk Gottes ist, befähigt zu werden, das zu tun, was gerecht ist. Heil ist nichts anderes als »Gnade über Gnade« (Joh 1,16).

f. Paulus, Matthäus und Johannes

Mit einer Begrifflichkeit und mit einem theologischen Ansatz, die sich von denen des Paulus unterscheiden, verkündet die johanneische Theologie die Priorität der Gnade Gottes und die zentrale Bedeutung des Glaubens als menschliche Antwort. Sie nimmt das auf, was für die paulinische Rechtfertigungslehre so entscheidend ist. Johannes betont Gottes Liebe als Quelle des Heilsereignisses und zugleich die Bedeutung der Sendung Jesu, seiner Erhöhung am Kreuz und des Glaubens als Weg zum ewigen Leben (vgl. Joh 3,14–17). Das Gericht findet schon statt insofern, als ein Mensch glaubt oder nicht (Joh 3,18f.); von diesem Gericht wird der Geist die Welt überzeugen (Joh 16,11).

Zusammen mit Paulus und Matthäus verkündet das vierte Evangelium, dass eine auf Glauben gegründete Beziehung zu Jesus zu einer Lebensweise führt, die auch als Halten der Gebote beschrieben werden kann (Joh 14,21). Denn in der Tat: »jeder, der tut, was recht ist, ist gerecht, so wie jener gerecht ist« (1Joh 3,7).

6. Gottes Gerechtigkeit im Jakobusbrief

a. Gott als der Geber guter Gaben

»Alle gute Gabe und jedes vollkommene Geschenk kommt von oben.« Dieser Merkspruch aus Jak 1,17 ist für das Gottesverständnis des Jakobusbriefes bezeichnend. Gott ist in erster Linie der Geber guter Gaben

(1,5.7.12.17; 3,15.17), die Menschen sind ihre Empfänger. Nicht seine Werke »machen« den Menschen, sondern das, was er sich von Gott schenken lässt. Passivische Aussagen prägen folglich auch das Bild des Menschen im Jakobusbrief: Der »gesegnete Mann« (vgl. Ps 1,1) empfängt die »Krone des Lebens«, die Gott ihm verheißen hat (1,12). Aktiv ist dagegen Gott. Er ist der Schöpfer (1,18; 3,9) und teilt gute Gaben aus (1,5.7.12.17; 3,15.17). Er ist »Vater« (1,17) und übt zugleich die spezifisch mütterliche Tätigkeit des Gebärens aus (1,18). Er kommt denen zu Hilfe, die sich an ihn wenden (4,8). Er hat ein offenes Ohr gegenüber den Notleidenden (5,4) und erhört Gebete (5,14f.). Er kann als Richter auftreten (2,13; 4,9.12; 5,9), Leben erhalten und retten oder auch nicht (4,12.15; 5,19f.).Vor allem aber ist er der, der die Niedrigen erhöht und die Hohen erniedrigt (2,5; 4,6.10).

b. Die Verwendung von Gerechtigkeit bei Jakobus

Von Gottes Gerechtigkeit und von der Rechtfertigung des Menschen ist im Jakobusbrief nur selten die Rede. In Jak 1,20 heißt es, dass »der Zorn eines Mannes Gottes Gerechtigkeit nicht bewirkt«. Im Umkehrschluss lässt sich dieser Satz von seinem Kontext her als Aussage über die Anerkennung gerechten Tuns des Menschen durch Gott verstehen. Solche Anerkennung bei Gott kann der Mensch aber nicht bewirken, sondern allein als rettendes Wort empfangen (1,21b). Abraham und die Hure Rahab werden in 2,21 und 2,25 als biblische Beispielgestalten dafür erwähnt, dass Gott einem Tun des Menschen, das dessen Glauben sichtbar macht und vollendet, seine Anerkennung schenkt (2,21.23–25).

c. Das Gesetz im Jakobusbrief

Im Jakobusbrief gehört die Tora zu den Gaben Gottes an die Gläubigen. Als »das vollkommene Gesetz der Freiheit« wirkt es wie ein Spiegel, in welchem die Gläubigen an ihren Gesichtern erkennen, dass sie Geschöpfe Gottes sind. Als einer, der das Wort tut und nicht nur hört, soll der Glaubende dieses Bild immer bewahren (1,22–25). Das zeigt, dass selbst im Jakobusbrief die Tora zunächst keine Forderung ist. Das hängt offenbar ursächlich damit zusammen, dass die Adressaten des Jakobusbriefes im Präskript als »die zwölf Stämme in der Zerstreuung« (1,1) angesprochen werden, sich also zu Israel rechnen dürfen. Für Israel ist die Tora Gottes Gabe für sein erwähltes Volk und Maßstab für ihr Leben aus der Erwählung. Nichts im Brief deutet darauf hin, dass die Tora in den Adressatengemeinden des Jakobusbriefes – wie etwa in den paulinischen

Gemeinden – als Scheidemarke zwischen Juden und Nichtjuden angesehen und aufrechterhalten werden sollte. Die Tora bleibt ein Ausdruck von Gottes Willen, der es wert ist, befolgt zu werden, und zwar im täglichen Leben, im Blick auf den Nächsten und auf Gott.

d. Glaube und Werke nach Jakobus

Dort, wo es um das Heil des Menschen geht (1,12–25), ist im Jakobusbrief vom Glauben gerade nicht die Rede, allerdings auch nicht von den Werken, sondern vielmehr vom Empfangen (1,12.21) und vom Hören (1,22f.). Schon aus diesem Zusammenhang heraus kann somit der Glaube im Jakobusbrief nicht als »rechtfertigendes Werk« missverstanden werden. Wenn bei Jakobus Glaube und Werke nebeneinandergestellt werden, geht es um die Einheit von Hören und Tun, von Glauben und Leben (2,14–26), nicht aber um den Ursprung des Glaubens oder um das zum Glauben Kommen.

Der Abschnitt 2,14–26 ist als Einschaltung im Hauptgedankengang des Briefes zu verstehen. Dennoch bietet uns der Nachdruck, den Jakobus auf die wechselseitige Beziehung von Glaube und Werken legt, einen Hinweis auf seine hauptsächlichen Absichten bei der Abfassung des Briefes. Seine Intention ist bestimmt von der Mahnung, ein Täter und nicht nur ein Hörer von Gottes rettendem Wort zu sein (1,22). Der Kontext zeigt, dass Glaube im Tun seinen Ausdruck finden muss. Glaube und Werke werden im Jakobusbrief erst dort miteinander verbunden, wo es um die Entfaltung und Gestaltung des neuen Lebens geht, das den Glaubenden von Gott geschenkt wurde. Deshalb artikuliert sich der Glaube in Werken (2,18), wird aber nicht durch sie hervorgebracht. An den Taten wird erkennbar, ob jemand die gute Gabe des Glaubens hat oder nicht (vgl. 3,13).

Die Besonderheit der Aussagen zur Gerechtigkeit Gottes und zur Rechtfertigung des Menschen im Jakobusbrief liegt also darin, dass sie zwar das Tun des Glaubenden in den Blick nehmen, allerdings nicht als Voraussetzung oder gar Bedingung für den Empfang des Heils, sondern als Konsequenz des Glaubens. Werke sind bei Jakobus die Außenseite des Glaubens. Sie legen Zeugnis davon ab, dass der Mensch den Glauben empfangen hat und dass der Glaube in ihm lebendig ist.

e. Glaube und Werke bei Jakobus und Rechtfertigung bei Paulus

Im Vergleich mit Paulus sind die Unterschiede offenkundig. Während bei Paulus das Wortfeld »Gerechtigkeit Gottes – Rechtfertigung des Menschen – Glaube« in erster Linie den Vorgang der Einbeziehung von Menschen in das Heilshandeln Gottes im Christusgeschehen bezeichnet, ist im Jakobusbrief mit denselben Begriffen das Leben und Handeln des Menschen im Blick, der *zuvor schon* seinen Glauben als Geschenk empfangen hat.

Der wichtigste Unterschied zwischen Jakobus und Paulus liegt in der Bedeutung der Tora im Zusammenhang des Glaubens. Dieser Unterschied zeigt sich schon daran, dass der Ausdruck »Werke *des Gesetzes*« nur bei Paulus begegnet, nicht aber bei Jakobus. Während nach Paulus die Tora keine Funktion beim Zugang zur rettenden Kraft des Christusgeschehens haben kann und darf, gehört sie für den Jakobusbrief in den Zusammenhang des heilvollen Handelns Gottes an seinem Volk.

Jakobus steht im Vergleich zu Paulus einem theologischen Milieu und einem Sprachgebrauch näher, der auch anderweitig im Frühjudentum belegt ist. Sein Verständnis des Begriffs Gerechtigkeit ist stärker mit der Vorstellung des Matthäus von Gerechtigkeit verwandt als mit der paulinischen Rechtfertigungstheologie. Dennoch sollten die Verwendungsweisen des Wortfeldes »Gerechtigkeit Gottes – Rechtfertigung – Glaube« bei beiden neutestamentlichen Autoren weder miteinander vermengt noch als miteinander unvereinbar betrachtet werden. Sie müssen jeweils von ihrem Kontext her verstanden und dürfen nicht gegeneinander ausgespielt werden.

f. Der Jakobusbrief und eine biblische Theologie der Rechtfertigung

Um die biblische Basis der Rechtfertigungslehre zu verbreitern und zu vertiefen, bietet sich neben anderen neutestamentlichen Zeugnissen auch der Jakobusbrief als prägnante Entfaltung des apostolischen Christuszeugnisses an.

- Im kanonischen Kontext gelesen, begegnet dem Leser der Schrift die apostolische Figur des Herrenbruders Jakobus als Briefautor; er vernimmt die Stimme eines Verwandten Jesu. Der Herrenbruder als apostolischer Christuszeuge bildet ein personales Bindeglied zwischen dem irdischen Wirken, Weg und Geschick Jesu und seiner Gegenwart als Auferstandener bei seiner Gemeinde.
- Mit der Mahnung des Briefes zum Tun des Gerechten (bzw. zur »Frucht der Gerechtigkeit«; 3,18) wird die sichtbare Seite lebendigen Glaubens als notwendige Folge des Empfangs des »Wortes der Wahr-

heit« (Jak 1,18) artikuliert. Das Leitmotiv des Briefes besteht in der Mahnung zur Einheit von Glaube und Leben, Wort und Tat.
- Dass ein solcher lebendiger, sichtbarer Glaube Konsequenz des Christusgeschehens ist und nicht seine Voraussetzung, ergibt sich aus den theologisch zentralen Aussagen zum Empfang des Wortes (1,18). Auch im Jakobusbrief geht das heilvolle Handeln Gottes dem Tun des Menschen voran und setzt es aus sich heraus.
- Besonders eindrücklich bringt der Jakobusbrief den Geschenkcharakter des Christusgeschehens zur Sprache. Gott erscheint als der heilvoll Handelnde, der Mensch als Empfänger der guten Gaben Gottes.
- Die Glaubensparänese des Jakobusbriefes bildet einen konstitutiven Bestandteil des neutestamentlichen (und alttestamentlichen!) Zeugnisses von einem lebendigen Glauben als Frucht des Christusgeschehens.

7. Das Neue Testament und die Theologie der Rechtfertigung

Unsere exegetische Analyse hat gezeigt, dass die Theologie der Rechtfertigung einen unentbehrlichen Schlüssel für das Evangelium von Jesus Christus, wie es im gesamten Neuen Testament bezeugt ist, darstellt. Das heißt nicht, dass die Begrifflichkeit der Rechtfertigung auf jeder Seite des Neuen Testaments oder in jeder der neutestamentlichen Schriften zu finden ist. Es gibt einen großen Reichtum an verschiedenen Erzählungen, Bekenntnissen, Bildern und Motiven, die alle in der Lage sind, wesentliche Aspekte der Art und Weise zu bezeugen, in der Gott in Jesus Christus zum Heil seines Volkes und aller Menschen handelt. Die verschiedenen theologischen Entwürfe innerhalb des Neuen Testaments gründen alle in der Überzeugung, dass es Gottes Liebe ist, die Gottes umfassenden Heilswillen durch Jesus Christus in der Kraft des Heiligen Geistes verwirklicht. Gott nimmt die an, die ihm entfremdet waren, und gestaltet ihr Leben nach seinem Willen.

In den paulinischen Hauptbriefen markiert die Theologie der Rechtfertigung das entscheidende Kriterium für das Evangelium als Ganzes, weil sie die vergebende, erneuernde und gemeinschaftsbildende Kraft von Gottes Offenbarung in Leben, Tod und Auferstehung Jesu Christi am eindeutigsten in den Mittelpunkt stellt. Paulus entwickelte seine Theologie der Rechtfertigung in einer Situation, in der die Freiheit der Gläubigen und die inklusive Natur seiner Mission in Gefahr waren. Nichtsdestoweniger blieben die grundsätzlichen Überzeugungen, die ihn zu dieser präzisen Formulierung seiner Theologie führten, soweit wir das in seinen Briefen sehen können, während seiner ganzen Wirksamkeit konstitutiv für seine Verkündigung, Lehre und Seelsorge. Für Paulus war die Theologie der Rechtfertigung gemeinsame Lehre, die auch von Petrus und der ganzen Gemeinschaft der Apostel geteilt wurde (Gal 2,15f.).

Gerade weil sie im Ringen um das Wesen und die Reichweite der apostolischen Mission entwickelt wurde, ist die paulinische Rechtfertigungstheologie keine abstrakte Theorie darüber, wie Sünder gerettet werden können. Die Botschaft von der Rechtfertigung ist die theologische Ausdrucksweise für die bedingungslose Annahme aller Menschen durch die Gnade Gottes. Ihr Ursprung ist missionarisch, ihr Ziel ist ökumenisch. Sie hat soziale Konsequenzen im Blick auf die inklusive Natur des Leibes Christi und sie ist die Grundlage für ein neues Leben, das durch die Liebe zu Gott und zum Nächsten geprägt ist.

Die Aussage, dass wir gerechtfertigt werden »ohne Werke des Gesetzes«, hatte ihre besondere Bedeutung im Ringen des Paulus mit den Leuten, die behaupteten, die Beschneidung sei nötig, um zum Volk Gottes zu gehören. Paulus durchdenkt dieses Problem auf so radikale Weise, dass die Theologie der Rechtfertigung mit ihrer Antithese »gerechtfertigt nicht durch Werke des Gesetzes, sondern durch den Glauben an Jesus Christus« (Gal 2,16) den Kern menschlicher Existenz vor Gott trifft. Sie unterzieht nicht nur jedes menschliche Rühmen vor Gott aufgrund religiöser Leistungen der Kritik, sondern auch jede Begrenzung und Bedingung für Gottes rettenden Willen unter Berufung auf menschliche Traditionen, selbst wenn sie von höchster religiöser Bedeutung zu sein scheinen.

Zugleich ist die Theologie der Rechtfertigung eine Ausdrucksform des Evangeliums, die klar macht, warum es der Glaube ist, der die volle Teilhabe von Juden und Heiden am Volk Gottes bewirkt und damit auch die Hoffnung auf die Teilhabe am kommenden Reich Gottes begründet. Schon der Epheserbrief und die Pastoralbriefe übersetzen diese Botschaft in eine neue Situation, während die Apostelgeschichte die Geschichte der Mission auf eine Weise erzählt, die zeigen soll, dass Petrus und Paulus im Blick auf die Theologie der Rechtfertigung miteinander übereinstimmen.

Theologisch gesehen gibt es eine tiefe Übereinstimmung zwischen der paulinischen Theologie und dem grundlegenden Evangelium Jesu

Christi, wie es durch die älteste Evangelientradition repräsentiert wird. In den synoptischen Evangelien erscheint der Begriff »Rechtfertigung« nur einmal, nämlich in Jesu Kommentar zu dem Gleichnis vom Pharisäer und Zöllner (Lk 18,9–14): »Dieser ging gerechtfertigt hinab in sein Haus, nicht jener.«. Aber die Botschaft von der Rechtfertigung zieht die Konsequenzen aus dem Evangelium von Jesus Christus, der Frohen Botschaft, die Jesus verkündigte und lebte und die durch seinen Tod und durch seine Auferstehung als für alle gültig bestätigt wurde. Durch die Art, wie Jesus sich um die Kranken kümmerte, diejenigen befreite, die von bösen Geistern besessen waren, die Armen seligpries, mit Sündern Gemeinschaft pflegte und sein Leben als »Lösegeld für viele« gab (Mt 20,28; Mk 10,45), wurde Gottes Liebe, mit der er seine verlorenen Kinder in sein Reich heimholen möchte, inmitten menschlicher Sünde und menschlichen Leidens und Sterbens Wirklichkeit. Diese Wirklichkeit möchte Paulus beschreiben, wenn er von der »Rechtfertigung des Gottlosen« spricht.

Unter den vier Evangelien sah insbesondere Matthäus das »Evangelium vom Reich« in enger Verbindung mit der unmittelbaren Gegenwart und der kommenden Vollendung der Gerechtigkeit Gottes. Gottes Gerechtigkeit ist ein unverdientes Geschenk: Diejenigen, »die hungern und dürsten nach Gerechtigkeit«, werden mit ihr gesättigt werden (Mt 5,6). Sie ist aber auch ein Ruf: »Trachtet zuerst nach dem Reich Gottes und nach seiner Gerechtigkeit« (Mt 6,33) ist der Imperativ, der dem Indikativ der Seligpreisungen folgt. Anders als die paulinische Theologie der Rechtfertigung, aber grundsätzlich aus derselben grundlegenden Perspektive, beschreibt Matthäus die Gerechtigkeit Gottes als rettende Kraft und entscheidende Herausforderung für das Leben der Menschen.

Die johanneische Tradition hat einen anderen Schwerpunkt. Indem sie sich auf die Offenbarung der Liebe und der Herrlichkeit Gottes im Leben und Sterben Jesu, des »Sohnes«, konzentriert, verkündigt die johanneische Theologie auf ihre eigene Weise die Kraft der Gnade Gottes und die zentrale Bedeutung des Glaubens für die menschliche Antwort auf sie. »Gott ist Liebe.« (1Joh 4,8–16) ist eine der grundlegenden Feststellungen über Gottes Wesen im gesamten Neuen Testament. Sie wird beglaubigt durch Jesu Versicherung in Joh 3,16: »So sehr hat Gott die Welt geliebt, dass er seinen einzigen Sohn gab« zur Rettung aller, die glauben. Das kommt der Art und Weise, wie für Paulus die Gewissheit der Liebe Gottes die Basis für seine Rechtfertigungslehre ist, sehr nahe (vgl. Röm 5,5–10; 8,31–39). Die johanneische Theologie bezeugt das, was mit Rechtfertigung in ihrer ganzen Bedeutungsbreite gemeint ist, ohne die Begrifflichkeit der Rechtfertigung zu verwenden.

Es wird oft angenommen, dass der Jakobusbrief offen der paulinischen Rechtfertigungsbotschaft widerspricht. Auf jeden Fall bietet der Brief eine Art Kontrastmodell zu dem an, was als gefährliche Interpretation der Lehre des Paulus galt. Eine genauere Prüfung hat jedoch gezeigt, dass sein Modell nicht im Gegensatz zu der Intention der paulinischen Theologie steht. Auch für Jakobus geht Gottes rettendes Handeln der menschlichen Aktion voraus und entlarvt es in seiner Problematik. Seine kontrastierende Methode zeigt sehr eindeutig die Tatsache auf, dass das Christusereignis reines Geschenk ist. Gott wird immer als der gesehen, der zu unserem Heil handelt, und Menschen als diejenigen, die Gottes gute Gaben empfangen.

Es wäre interessant gewesen, auch die anderen neutestamentlichen Schriften zu untersuchen. Wir würden wahrscheinlich herausfinden, dass es manche gibt, die der Intention der paulinischen Rechtfertigungslehre sehr nahekommen, z. B. das Markusevangelium oder der Erste Petrusbrief mit ihrer besonderen Betonung der Theologie des Kreuzes. Wir würden auch andere finden, deren Theologie in vieler Hinsicht dem entspricht, was Paulus mit seiner Rechtfertigungstheologie ausdrücken möchte, die aber auch andere Schwerpunkte haben, die dieser Botschaft fremd zu sein scheinen, z. B. der Hebräerbrief oder das Buch der Offenbarung. Es wäre eine Herausforderung, diese Aussagen nicht einfach als weitere Themen neben die Rechtfertigungslehre zu stellen, aber auch nicht ihre Anliegen zu übergehen oder zu vernachlässigen, sondern sie durch einen Prozess kritischer hermeneutischer Reflektion zu integrieren. Wir sind überzeugt, dass auch in einem solchen Prozess sich die Rechtfertigungslehre als »Herr und Leitstern« für unsere Auslegung des Evangeliums, wie es im Neuen Testament bezeugt ist, erweisen wird.

VI. Die Bibel und die Gemeinsame Erklärung zur Rechtfertigungslehre – Ergebnis

Welche Erkenntnisse haben wir aus unserer Studie gewonnen und was haben wir von den unterschiedlichen Beiträgen der Mitarbeitenden und durch das gemeinsame erneute Lesen der biblischen Texte gelernt?

1. Allgemeine Erkenntnisse

Wir haben aufs Neue erlebt, was Exegeten schon vor einem halben Jahrhundert entdeckt haben: Ökumenische Exegese ist möglich. Obwohl wir uns als exegetische und systematisch-theologische Fachleute nicht immer im Verständnis biblischer Begriffe und Texte einig sind und uns auch in unseren methodischen Zugängen unterscheiden, fallen diese Unterschiede sehr selten mit den historischen Trennungslinien zwischen unseren konfessionellen Traditionen zusammen. Und selbst dort, wo wir den Eindruck haben, dass manche Schwerpunktsetzungen in der Auslegung der Heiligen Schrift typisch für einen katholischen, lutherischen, methodistischen oder reformierten Zugang zur Schrift sind, ist es möglich, die gemeinsame Grundposition zu erkennen, die unser Verständnis des biblischen Zeugnisses von Gottes rettendem Handeln in der Geschichte Israels und in Leben, Sterben und Auferstehung Jesu Christi trägt.

Der weite biblische Horizont der Studie hat sowohl unser Verständnis des alttestamentlichen Zeugnisses von Gottes Gerechtigkeit als auch das der neutestamentlichen Botschaft von seinem befreienden und rechtfertigenden Handeln in Jesus Christus vertieft. Wir haben einmal mehr die Bedeutung des Alten Testaments entdeckt. Denn in ihm zeigt sich die Verbindung zwischen Gottes schöpferischer und lebenserhaltender Gerechtigkeit, zwischen der Art, wie Gott den Grund für gerechte Beziehungen zwischen den Menschen legt, und seiner Forderung nach Gerechtigkeit unter ihnen, und vor allem zwischen Gottes Richten und seiner Bereitschaft zu vergeben und alle anzunehmen, die sich auf seine Gerechtigkeit und Barmherzigkeit berufen. Das Alte Testament ist nicht der dunkle Hintergrund, gegen den das Licht der paulinischen Theologie der Rechtfertigung umso heller scheint, sondern das Fundament, auf dem die ganze Lehre aufgebaut ist.

Wir hoffen, dass unsere Studie auch als Beitrag zum Christlich-Jüdischen Dialog dienen kann. Es sollte klar geworden sein, dass die Theologie der Rechtfertigung keine antijüdische »Kampfeslehre« darstellt. Die Auseinandersetzung über die Frage, ob Heiden Juden werden müssen, bevor sie sich der Kirche anschließen und Teil der Gemeinschaft mit Christus werden können, mag Argumente hervorgebracht haben, die sich kritisch mit dem jüdischen Zugang zum Gesetz und dem jüdischen Verständnis des Wegs zum Heil, wie Paulus sie sah, auseinander zu setzen scheinen. Aber diese Kritik geht niemals weiter als das, was auch manche alttestamentlichen Propheten Israel zu sagen hatten, und gibt niemals die Solidarität mit Gottes erwähltem Volk und die tiefe Überzeugung auf, dass Gott sein Volk nicht verworfen hat.

2. Exegetische Erkenntnisse

Das wichtigste Ergebnis dieser Studie ist die Erkenntnis, dass es ein gemeinsames biblisches Zeugnis von einem rettenden Handeln Gottes gibt, das jeder menschlichen Anstrengung vorausgeht und alles überwindet, was Gottes Volk von ihm trennt. Im Alten Testament wird dies beispielhaft am Verhältnis zwischen Gott und dem Volk Israel dargestellt. Es gibt aber auch dort schon Indizien dafür, dass dies auch für die Beziehung zwischen Gott und den Völkern und zwischen dem Schöpfer und seiner gesamten Schöpfung gilt.

Gemeinsam bezeugen die biblischen Schriften auch, dass es das Ziel des rettenden Handelns Gottes ist, dass Menschen darauf antworten. Mit dieser Antwort legen diejenigen, die gerettet und befreit werden, ihre ganze Existenz in Gottes Hände und werden befähigt, Gottes Willen in Freiheit zu gehorchen. Diese Antwort ist keine menschliche Leistung. Vielmehr erfüllt sich durch sie, was Gott durch sein gnädiges Handeln erreichen will, nämlich eine neue, ganzheitliche Beziehung mit denen, die er geschaffen und sein Volk genannt hat.

Obwohl es unterschiedliche »Theologien des Heils« in unterschiedlichen Schichten der biblischen Überlieferung gibt, gibt es doch eine grundlegende, gemeinsame »Struktur« im Verständnis von Gottes Wirken und der menschlichen Reaktion darauf.

Die Theologie der Rechtfertigung, insbesondere in ihrer ausgearbeiteten paulinischen Form, hat diesen verschiedenen Theologien des Heils gegenüber eine dreifache Funktion:

- Die Theologie der Rechtfertigung ist die Basis für eine umfassende Theologie der Mission. Dass Gott nicht nur ein Gott der Juden, sondern auch der Heiden ist, ist eine Konsequenz aus dem grundlegenden Bekenntnis Israels, dem *Sh^{e}ma Jisrael*. Aber es ist die Theologie der Rechtfertigung, die dieses Bekenntnis in den Aufruf verwandelt, allen Menschen die Offenbarung der Gerechtigkeit Gottes im Evangelium von Jesus Christus zu verkündigen.
- Die Theologie der Rechtfertigung ist die Basis für eine Theologie der *koinonia*, die die Kirche als eine versöhnte Verschiedenheit von Menschen unterschiedlicher ethnischer, kultureller und religiöser Herkunft, aber auch unterschiedlicher theologischer und geistlicher Erkenntnisse konstituiert. Das ist möglich, weil Christus und die Liebe Gottes, die in ihm offenbart wird, das Fundament der Kirche und ihrer Gemeinschaft sind.
- Die Theologie der Rechtfertigung bietet die tiefsten Einblicke in die Stellung der Menschen vor Gott. Wie extrem die Distanz und sogar die Feindschaft zwischen den Menschen und Gott ist, wird im Licht der alle umfassenden und versöhnenden Liebe Gottes im Tod seines Sohnes am Kreuz erst richtig deutlich. Unsere Unfähigkeit, als Menschen irgendetwas dafür zu tun, die gebrochene Gemeinschaft mit Gott wiederherzustellen, zeigt sich in ihrer ganzen Radikalität erst durch die Erkenntnis, dass Gott schon alles getan hat, um uns zu versöhnen. Nur Gottes unverdiente Gnade ermöglicht es uns Menschen, kompetente Zeugen für diese Gnade, Diener seiner Gerechtigkeit, Gesandte Christi und Mitarbeiter für Gottes Frieden zu sein.

Es ist offensichtlich, dass im biblischen Verständnis von Recht und Gerechtigkeit ein »Überschuss« an Bedeutung gegenüber der klassischen Auffassung von der Rechtfertigungslehre besteht, die sich hauptsächlich mit der Frage beschäftigt hat, wie der Einzelne durch den Glauben aus Gottes Gnade gerettet wird. Diese Botschaft, die für die Reformation so kostbar war, wird durch die neue und weitere Perspektive des biblischen Zeugnisses von Gottes Gerechtigkeit und Rechtfertigung weder verneint noch aufgehoben. Aber sie wird in einen weiteren Kontext gestellt, der uns nicht nur helfen mag, die biblische Botschaft besser zu verstehen, sondern auch eine Antwort auf heutige Anliegen zu finden.

3. Ergebnisse im Blick auf die Gemeinsame Erklärung zur Rechtfertigungslehre

Bleibt man bei der historischen Analyse, mag es den Anschein haben, als seien die unterschiedlichen biblischen Auffassungen kaum aufeinander bezogen. Während einige von ihnen deutliche Verbindungen untereinander aufzuweisen scheinen, erwecken andere eher den Eindruck, einander zu widersprechen. Um ihre komplexen Beziehungen theologisch deuten zu können, brauchen wir einen hermeneutischen Schlüssel, ein Zentrum des Ganzen, das uns die gegenseitige Abhängigkeit der unterschiedlichen Schwerpunktsetzungen in den verschiedenen Traditionen aufzeigt. Darin liegt die kritische Funktion, die die Theologie der Rechtfertigung im Blick auf die verschiedenen Traditionen wahrnimmt. In ihrer klassischen Form, wie sie in der *Gemeinsamen Erklärung zur Rechtfertigungslehre* entfaltet wird, erschließt sie das soteriologische Herzstück der biblischen Botschaft, indem gewissermaßen von innen her beleuchtet wird, worin Gottes gnädiger Plan für die Menschen besteht und was das für ihre Beziehung zu ihm bedeutet. Das ist der Grund, warum die Rechtfertigungslehre »Maßstab oder Prüfstein des christlichen Glaubens« ist und bleibt.

Nichtsdestoweniger gibt es auch eine gegenseitige kritische Funktion der verschiedenen Traditionen einer Theologie des Heils in der Bibel. Die Mitte ist nicht das Ganze. Der Blick auf die verschiedenen Ausdrucksformen für die Offenbarung der Gerechtigkeit Gottes und die unterschiedlichen Formen, wie Gottes rechtfertigende und befreiende Gnade in der biblischen Überlieferung erfahren wird, hilft dazu, jede Art von Engführung hinsichtlich der Weite der biblischen Sicht von Gottes rettendem Handeln zu vermeiden. Die oft beklagte Individualisierung der biblischen Botschaft in der westlichen Theologie kann dadurch überwunden werden, dass der Reichtum des biblischen Zeugnisses berücksichtigt wird, ohne deswegen die persönliche Tiefe der Botschaft der Rechtfertigung durch Glauben aufzugeben.

Bis zu einem gewissen Grad kann die Vielfalt der biblischen Zugänge als eine Analogie zu den unterschiedlichen konfessionellen Auffassungen gesehen werden, obwohl es eine unziemliche Vereinfachung wäre, unsere unterschiedlichen theologischen und ekklesialen Traditionen mit unterschiedlichen Schriften oder Traditionen des Neuen Testaments gleichzusetzen. Die relative Berechtigung dieser Analogie liegt darin, dass wir dazu aufgerufen sind, auf die geistlichen und theologischen Erkenntnisse anderer zu hören, so, wie wir auch aufgerufen sind, für die Gestalt des Evangeliums offen zu sein, das uns gerade durch seine unterschiedlichen Ausdrucksweisen in den verschiedenen Schichten des biblischen Zeugnisses herausfordert. Dass diese unterschiedlichen Überlieferungen zusammengefasst sind zur Heiligen Schrift der Kirche, zeigt, dass in ihrer Verschiedenheit ein Ruf zur Einheit liegt. Manche unserer Meinungsverschiedenheiten mögen Unterschiede im biblischen Zeugnis widerspiegeln, gerade dies aber fordert uns auf, nach einem biblisch begründeten differenzierten Konsens Ausschau zu halten, der dann zur Grundlage für einen differenzierten Konsens zwischen unseren Traditionen werden kann. Die *Gemeinsame Erklärung* ist ein erster Schritt in diese Richtung. Unsere biblische Untersuchung hat gezeigt, dass die meisten der Punkte, die für ein gemeinsames Verständnis der Rechtfertigungslehre problematisch sein könnten und in Kapitel 4 der *Gemeinsamen Erklärung* besprochen werden, auf dem Weg eines differenzierten Konsenses geklärt werden können. Natürlich hat sich die Diskussion im 16. Jahrhundert in vieler Hinsicht von den biblischen Problemstellungen unterschieden; auch das ist in unserer Untersuchung offensichtlich geworden. Aber wo die breitere biblische Basis der Rechtfertigungslehre einbezogen wird, hilft das, die traditionellen Kontroversen zu relativieren und den Konsens zu vertiefen.

Im Blick auf die fortlaufende Diskussion könnte unsere gemeinsame Anstrengung, das biblische Zeugnis zu verstehen, aber auch einige Kernsätze unserer eigenen Traditionen herausfordern und ihre schriftgemäße Basis in Frage stellen, die wir für selbstverständlich gehalten haben. Es ist richtig, dass die Jesustradition auch von »Lohn« sprechen kann; aber die Theologie der Rechtfertigung sollte die Katholiken herausfordern, sich über die Zweideutigkeit des Wortes »Verdienst« in der westlichen katholischen Tradition ernsthaft Gedanken zu machen. Die Tatsache, dass Luthers Auffassung des *simul iustus et peccator*, aus der zweifellos tiefe seelsorgerliche Erkenntnis spricht, sich nicht ohne Weiteres aus der paulinischen Argumentation ergibt, sollte Lutheraner vorsichtig machen, sie zum Shibboleth für das richtige Verständnis der Rechtfertigungslehre zu machen. Methodisten werden zu prüfen haben, wie eine Lehre von der christlichen Vollkommenheit oder völligen Heiligung gestaltet sein muss, damit sie nicht der Rechtfertigungsbotschaft widerspricht. Und reformierte Theologie mag bedenken, wie gewisse Ausformungen der Prädestinationslehre mit dem Beharren des Paulus auf die Rechtfertigung allein aus Glauben versöhnt werden können.

4. Perspektiven

Ein solcher ganzheitlicher Blick auf die biblische Botschaft von der Rechtfertigung wird uns eine breitere Perspektive für unser heutiges Verständnis von menschlicher Not und Gottes Heil geben. Es geht nicht nur um Sünde und Vergebung, sondern auch um den Zusammenbruch des Selbstwertgefühls und die Annahme und Bestätigung durch Gottes Gnade; es geht nicht nur um mich und meinen Gott, es geht auch um eine Gemeinschaft voller Leid und die heilende und versöhnende Kraft der Gerechtigkeit Gottes. Es geht nicht nur um die menschliche Seele und den ewigen Gott, sondern auch um eine Schöpfung, die nach Erlösung seufzt und verlangt, und um einen Gott, dessen Geist mitten in diesem Leiden am Werk ist und »mit unaussprechlichem Seufzen« für die leidende Schöpfung eintritt (Röm 8,26).

Das schließt auch neue Herausforderungen für unsere gemeinsamen Anstrengungen als Kirchen ein, das Evangelium von Jesus Christus unter der Anleitung der Rechtfertigungslehre zu leben und zu verkündigen.

a. Was heisst das für unsere Mission?

Wenn Gott, der Vater unseres Herrn Jesus Christus, nicht nur der Gott der Juden ist, dann ist er auch nicht nur der Gott der Christen, sondern ebenso der Gott der Muslime, der Hindus, der Buddhisten und sogar der Atheisten, ja, ganz sicher der ganzen Schöpfung. Für Paulus hat diese Erkenntnis nicht bedeutet, dass er aufhörte zu missionieren. Im Gegenteil, dieses war der Hintergrund, auf dem er sich als »Schuldner der Griechen und der Barbaren« wusste (Röm 1,14f.). Das Evangelium gehört allen; die

Frage aber ist: Wie können wir es mit allen teilen, so dass sie spüren: ›Genau das ist es, was wir brauchen.‹ Die Rechtfertigungslehre umfasst zwei unterschiedliche Aspekte der großen Wahrheit, dass Gott »will, dass alle gerettet werden« (1Tim 2,4). Sie betont die bedingungslose Gnade Gottes, die durch Christi »Rechtstat für alle zur Rechtfertigung und zum Leben führt« (Röm 5,18). Und sie ruft zum Glauben, weil Gott »durch die Erlösung, die in Christus Jesus geschehen ist, ... den rechtfertigt, der aus Glauben an Jesus lebt« (Röm 3,24.26). Gottes Ja in Jesus Christus ist gültig für alle und wartet doch auf das Ja derer, die es hören, um in ihrem Leben Raum zu gewinnen. Doch zu hoffen, dass sich Gott zuletzt »aller erbarmen« werde (Röm 11,32), gehört zum Wesenskern christlichen Glaubens an Gottes unbegrenzte Liebe. In unserem Dialog mit Menschen anderer Glaubensüberzeugung sollten wir deshalb immer daran denken, dass Gott »nicht weit von einem jeden von uns« ist (Apg 17,27). Aber gerade deshalb bittet Gott durch uns alle Menschen: »Lasst euch versöhnen mit Gott!« (2Kor 5,20).

b. Was heisst das für unsere Koinonia?

Können wir, nachdem das Problem unserer Meinungsverschiedenheiten im Blick auf die Rechtfertigungslehre gelöst ist, nun mit der Frage unseres unterschiedlichen Verständnisses von Kirche und Amt umgehen, als sei das eine völlig andere Sache, die damit nichts zu tun hat? Sollten wir nicht versuchen, anzuerkennen, dass wir durch unser gemeinsames Verständnis des Evangeliums, wie es in der Rechtfertigungslehre seinen Ausdruck findet, eine Basis auch für ein gemeinsames Verständnis von der Kirche, ihrer Sendung und ihrem Amt gewonnen haben? Wirklich ernst zu nehmen, was eine Theologie der Rechtfertigung nicht nur für die Einzelnen, sondern auch für die Kirchen bedeutet, könnte helfen, die fortdauernde Konkurrenzsituation zwischen den Kirchen zu überwinden. Sich zu rühmen und der Selbstgerechtigkeit zu verfallen, gefährdet möglicherweise nicht nur das Verhältnis zwischen Menschen und Gott, sondern bedroht auch den Dienst und die Treue der Kirche. Unser gemeinsamer Glaube an den rechtfertigenden Gott ist schon Grundlage wirklicher Gemeinschaft. Die Tatsache unserer gemeinsamen Abhängigkeit von Gottes Gnade drängt die Kirchen, ihre verbleibenden Unterschiede im Licht dieser Wirklichkeit zu überprüfen und das Gewicht, das sie ihnen zumessen, neu zu bedenken.

c. Was bedeutet das für unsere Analyse der menschlichen Situation und Gottes Antwort auf sie?

Auf den ersten Blick scheint die Art, wie Menschen heute ihre Situation sehen, Welten entfernt von der Haltung der Menschen der Bibel zu sein, die sich als vor Gott schuldig betrachteten und die Notwendigkeit empfanden, von Gott gerechtfertigt und mit ihm versöhnt zu werden. Wie kann die Botschaft von der Rechtfertigung zu Menschen sprechen, die diese Fragen nicht mehr stellen? Müssen wir unser theologisches Paradigma wechseln und ein »Health and Wealth Gospel« verkünden, um die Bedürfnisse heutiger Menschen zu treffen? Aufgrund unseres Studiums der biblischen Grundlage der Theologie der Rechtfertigung ist es unsere tiefe Überzeugung, dass auch in unserer Zeit die Rechtfertigungsbotschaft von entscheidender Bedeutung für die Menschen ist. Obwohl sie nicht immer populär ist, stellt sie das Selbstverständnis heutiger Menschen in Frage und befreit sie gerade dadurch von der Zwangsvorstellung, Sinn und Wert des eigenen Lebens erarbeiten zu müssen. Die heilende Kraft der göttlichen Zusage von Vergebung, Versöhnung und Erneuerung berührt auch Menschen von heute im Kern ihrer Existenz. Die soziale Dimension der Rechtfertigungslehre, ihre eindeutige Ablehnung jeder Vergötterung von Erfolg, Gier oder Macht, und ihre klare Zurückweisung aller Versuche, den Wert von Menschen aufgrund ihrer Nützlichkeit einzustufen, wird uns anleiten, neue Wege zu finden, auf denen wir die Botschaft der Rechtfertigung als den tiefsten Ausdruck des befreienden Evangeliums von Gottes Gnade in Jesus Christus leben, lehren und verkündigen können.

Mitglieder der Arbeitsgruppe

Lutherische Mitglieder

Prof. Dr. Theodor Dieter, Institut für Ökumenische Forschung, Straßburg, Frankreich

Rev. Canon Karl P. Donfried, Smith College, Northhampton, MA, USA (2008–2010)

Rev. Dr. Monica Melanchthon, Gurukul Lutheran Theological College, Chennai, Indien

Prof. Dr. Karl-Wilhelm Niebuhr, Friedrich-Schiller-Universität, Jena, Deutschland

Methodistische Mitglieder

Rev. Dr. James Howell, Myers Park United Methodist Church, Charlotte, NC, und apl. Professor an der Duke Divinity School, Durham, NC, USA

Bischof emeritus Dr. Walter Klaiber, Tübingen, Deutschland, Vorsitzender

Reformierte Mitglieder

Prof. Dr. Walter Brueggemann, Cinncinnati, OH, USA (2008)

Rev. Dr. Priscille Djomhoué, Protestant University of Central Africa, Yaoundé, Kamerun

Rev. Prof. W. Eugene March, Louisville Presbyterian Theological Seminary, Louisville, KY, USA (2010–2011)

Katholische Mitglieder

† Rev. Dr. Lawrence Boadt, Paulist Press, Mahwah, NJ, USA

Rev. Prof. Dr. Raymond Collins, Brown University, Providence, RI, USA

Prof. Dr. Eva-Maria Faber, Theologisches Seminar, Chur, Schweiz

Prof. Dr. Thomas Söding, Ruhr-Universität, Bochum, Deutschland

Gemeinsames Sekretariat

Prof. Dr. Kathryn Johnson, Lutherischer Weltbund, Genf, Schweiz

Msgr. Dr. Matthias Türk, Päpstlicher Rat zur Förderung der Einheit der Christen, Rom, Italien

Register der Bibelstellen (in Auswahl)

1\. Korinther

Anhang – Frühjüdische Schriften